两岸故宫的前世今生

向斯 著

华艺出版社
HUA YI PUBLISHING HOUSE

目　录

前　言：宫廷是蓝色的梦 001

一、清室善后委员会 001

清室善后委员会成立 001

清点皇宫古物 008

二、筹备成立故宫博物院 013

故宫博物院成立庆典 014

风云突变 022

复宫运动 029

“废除故宫博物院”议案风波 049

三、故官博物院闻名于世 061

宫廷珍宝库——古物馆 063

宫廷图籍库——图书馆 065

宫廷文献库——文献馆 068

四、故宫文物南迁 073
故宫三大馆紧急行动 074
分批南迁 082
文物点收 088
故宫博物院南京分院 090

五、颠沛流离的珍宝 097
由湖南转运贵州 100
由汉口转运四川 106
由陕西转运四川 118
从重庆到南京到台湾 144

六、故宫盗宝案真相 169
冤案起因 170
监察院派员调查 173
易培基被迫逃亡 181
再次提起公诉 182
易院长抱恨而终 189

七、伦敦国际艺展令世界惊叹 193
参展艺术珍品 199
从吴淞口到伦敦 200

艰难的回国之路……211

八、三希国宝颠沛流离……217

九、台北故宫博物院……227

古物珍藏……237

古籍珍藏……239

后 记……241

前　言：宫廷是蓝色的梦

宫禁森严

宫廷，就像蓝色的梦，缥缈神秘，只能仰望，不可企及。

紫禁城，是明清现代的皇宫，先后有 24 位皇帝曾经生活在这里。

故宫，在紫禁城的故址上建立起来的皇家博物院，以故宫三大馆闻名遐迩：古物馆，收藏宫廷百万珍宝；图书馆，收藏宫廷约 80 万册珍贵善本古籍；文献馆，收藏宫廷上千万件珍稀档案。

故宫，占地 72 万平方米，建筑面积 15.5 万平方米；整座皇宫，有 980 余座宫殿，8728 间房屋；故宫珍藏宫廷文物，186 万余件，文物占百分之九十二。

皇帝生活的紫禁城，是全国一流的建筑大师、堪舆大师精心设计、建造的宫殿；皇帝生活的前朝，是中国皇权的象征，是帝国举行重大礼仪活动的场所；皇帝后妃寓居的后宫，是宫廷禁地，没有皇帝特别降旨，任何人不得越雷池半步。

中国的帝制时代漫长，长达2132年。全国一流的儒学大家、一流的智者、一流的宰辅大臣精心设计、管理后宫，称为六宫制度。

有清一代，京城之中，八旗精锐，组成禁卫军，守卫都城。上三旗护军营，守卫皇城、皇宫。内务府三旗护军营，守卫后宫；皇太后、皇后、嫔妃出入宫廷，由内务府护军营中功臣后裔组成的豹尾班侍卫护驾。

宫中，设侍卫府，首领是领侍卫内大臣，武功卓著的宫廷侍卫950人组成皇帝侍卫亲军，包括一等侍卫、二等侍卫、三等侍卫、蓝翎侍卫。

侍卫夜间值班，称为宿卫，由领侍卫内大臣、禁卫军前锋营统领、护军营统领、内务府大臣分六班统领，轮流值班。

每天，太阳升起时，各大宫门徐徐打开；每天，太阳东山时，管事的敬事房太监站在乾清门，大声吆喝："大人门，下钱粮了！"守门侍卫应声喝道："上锁啦！"敬事房太监扭头向北，大声喊道："灯火—小心！"

掌管各大宫门大小太监们，应声唱和："灯火—小心啊！"声音洪亮，此起彼伏。敬事房太监巡视各大宫门，各大宫门太监恭恭敬敬，立即回话："大人，已经下钱粮啦！"这时，内廷五门八殿十三座重要门户，全部郑重关闭，一一关门、落锁。

《甄环传》《延禧攻略》等宫廷剧火爆，引起了全体华人对于宫廷的浓厚兴趣。

其实，这些宫廷剧，只是一些不懂宫廷生活和宫廷历史的作家凭空编造的臆想宫廷，与中国真实的宫廷没有任何关系。

中国宫廷，由一流大臣精心设计，严格管理；由六大侍卫系统负责守卫，任何人不得越雷池半步；宫禁森严，管理严密，秩序井然：

1. 宫廷，是皇帝的家，只有皇帝可以随意出入；

2. 皇帝之外，包括亲王、皇子、皇亲国戚等所有男性，绝对不可能进入后宫，绝对不可能与皇帝后妃有任何见面的机会；

3. 为皇帝服务的御医、御厨等等，绝对不可能与后妃单独见面；

4. 为了确保皇帝一姓血脉之传承，皇帝之外，任何人，没有任何机会，也绝对不可能见到皇帝的后妃；

5. 宫廷禁地，没有皇帝宣召，亲王、首辅、文武大臣等等，不可能进入后宫，更不可能夜间在皇宫逗留、闲逛、品茶、喝酒；

6. 宫中后妃，有自己的宫院，只能在院中行动，绝对不可能随意串门，更不可能半夜到别的嫔妃宫中留宿。

如履薄冰

上个世纪 80 年代，我从武汉大学毕业，分配到故宫博物院。

每天，像上朝一样，在紫禁城西北部的寿安宫上班。这里风景如画，曾是乾隆皇帝的母亲崇庆皇太后生活的地方。时光飞逝，日月如梭，一恍，30余年了。

说实在的，在故宫工作，既是一个光鲜的职业，也是一个高危的职业，为什么?

每天，守护着186万件宫廷文物，文物的最大特点就是独一无二，不可再造。因此，每天工作，战战兢兢，如履薄冰。

宫廷珍宝，价值连城，每天，接触着价值数千万的珍贵文物，必须了无杂念，心无旁骛，不能有任何私心杂念，更不能有任何非分之想。

当然，历朝历代，面对宫廷珍宝，监守自盗、随意盗窃者，比比皆是，甚至于蔚然成风。偷盗，一直是宫中屡禁不止的顽疾。

我在宫中上班，30余年，经历了许多事情，也感受了多起宫中盗窃。

记得，上世纪80年代初，我刚刚上班时，就在寿安宫办公室办公。当时，人们很淳朴，工作环境也很朴实：桌子，是康熙时期的紫檀嵌镙钿方桌；椅子，是乾隆时期的金丝楠木圈椅；库房中，有文房用品，有大量御笔写经，有许多珍稀文物，等等，所有这些文物，许多都是没有账目的。

每天，我们按步就班地工作，手摸文物，心无旁骛，一一登记造册，建立账薄，建卡归库。就这样，几十年如一日，保护文物，珍藏国宝，心如止水，年年如此。现在，回想起来，我感到非常欣慰，感到心安理得，这种对文物的珍爱，对国宝的敬畏，可能就是故宫守宝人的一种特有精神。

“寿安宫行走”

朋友们进宫，经常开玩笑，“尊称”我是“文渊阁大学士”“寿安宫大学士”。

其实，“大学士”，岂是我等材料可以担当的。

有时，自己戏称，我是“寿安宫行走”。

说实在的，即使是“行走”，我也不配，那也不是一般人物可以担当的。

“行走”，本来是很简单的名词，就是通常说的“走路”。

宋代时，从大诗人苏轼开始，将“行走”正式引入诗中，使普通“行走”，成为赞颂佛经的名句。

文豪苏轼是大才子，他在《小篆般若心经赞》中称：

忽然使作大小篆，如正行走值墙壁。

纵复学之能粗通，操笔欲下仰寻索。

明代时，“行走”之意引申开来，用于“来往”。

明代作家冯梦龙在《喻世明言》中称：“从此以后，把那一半赊钱为由，只做问兴哥的消息，不时行走。”

清代时，普通“行走”身价百倍，变成了中枢机构之中皇帝十分倚重的重要人物之重要职务。

后来，渐渐形成制度，将不设专官的机构或者不设专任的官职，称为行走。比如，乾清门行走、军机章京上行走、军机处上行走。

可以说，有清一代，尤其是晚清时期，“行走”之职，基本上是皇帝十分信任之人，授予“行走”之职，只是因为资历不够，或者是想等待更好的时机、更好的职位，给予特别重用。

清廷规定，凡是不属于专设官职，调充某项职役者，均称行走。行走，入值办事之意。

清制，临时调充某项职务而尚未给以正式官衔者，称在某处或某官上“行走”，无定员。比如，御前大臣上行走，军机大臣上行走，南书房行走，总理各国事务衙门行走，等等。

《两岸故宫的前世今生》，记载的是一个我所知道的真实故宫，一个我所知晓的全面故宫，一个透明的、与众不同的故宫。

一

清室善后委员会

清室善后委员会是故宫博物院的前身。辛亥革命后，民国政府成立，清逊帝溥仪宣布退位，但享有不废帝号、暂居宫内、岁用四百万两等优待条件，并保持着的一个微型小朝廷。1924 年 11 月 5 日，冯玉祥派出国民军包围紫禁城，将溥仪及其小朝廷驱逐出宫。11 月 7 日午夜，临时执政府摄政内阁正式发布命令："修正清室优待条件，业经公布施行，着国务院组织善后委员会，会同清室近支人员，协同清理公产、私产，昭示大公。所有接收各公产，暂责成该委员会妥善保管，俟全部结束，即将宫禁一律开放，备充国立图书、博物馆等项之用，藉彰文化而垂久远。"

清室善后委员会成立

1924 年 11 月 20 日，办理清室善后委员会（后改为清室善后委员会）正式成立，设委员长一人，由李煜瀛先生担任。设委员 14

鹿钟麟

陈垣

李煜瀛

人：民国政府方面 9 人——汪兆铭（易培基代）、蔡元培（蒋梦麟代）、鹿钟麟、张璧、范源濂、俞同奎、陈垣 、沈兼士，葛文溶；清室方面 5 人——绍英、载润、耆龄、宝熙、罗振玉。

清室善后委员会之委员长、委员 15 人确定之后，监察员方面，按照如下原则组成：京师警察厅、高等检察厅、北京教育会为法定监察员；在此之外，特别聘请三人——吴敬恒、张继、庄蕴宽，作为特别监察员。

清室善后委员会成立以后，各项工作紧张地展开。一个月后，1924 年 12 月 20 日，召开了第一次善后委员会会议，到会者十二人：吴敬恒、鹿钟麟、蒋梦麟、李煜瀛 、庄蕴宽、葛文濬、陈垣、俞同奎、沈兼士、易培基、李寿金（警察总监）、顾孟余（教育会会长）；清室方面，却没有一人参加。

李煜瀛委员长主持会议，报告了办事

经过情形，向与会众人提出“点查清宫物件规则草案”。众人逐条讨论，反复修正后通过草案。随后，李煜瀛提出了清宫物品点查日期，议定：1924 年 12 月 22 日（周一），召开全体人员茶话会；23 日，开始点查清宫旧物。

吴瀛先生所著《故宫博物院前后五年经过记》一书中称：“于是，政府方面与委员会方面，第一次之纠纷开始，亦即清室方面出宫后第一次与委员会方面暗斗之发动。”

清室点查委员会组建之后，清室方面，议定有 5 位代表，但这 5 位代表一直未如期到会报到，更不用说参与讨论各项条例和规则。12 月 23 日，按照预定计划，点查清宫旧物，清室方面仍无一人参加。次日，正式开始点查，清室方面，还是无一人参与。

清室善后点查委员会为慎重起见，郑重地延聘清室五大臣为点查委员；恭请执政府内务部向清室方面转交正式公函。执政府派人前往清室，力促清室代表到会，共同点查清宫旧物；内务部以龚总长名义，正式致函清室，再三加以劝导。清室五大臣依然故我，固辞不往。

从 1925 年 1 月至 4 月，清室方面，始终拒绝合作——在清室看来，故宫内的所有物品都是他们祖辈留下的私有之物，皇家私有之物，而且，没有自己在场，他人岂能入宫随意点查？他们认为，没有自己在场，一切活动都是非法的。

万般无奈，清室善后点查委员会只好决定，改聘他人出任点查委员，取代清室五人；并且，恭请政府转达由衷之意：随时欢迎清室方面到会，参与点查清宫旧物。

从 1924 年 12 月，到次年 4 月，清室对于内务部的发难持续了 5 个月，发难的主题是不承认修改条件，拒绝合作点查清宫古物。12 月 20 日，清室内务府致函内务部，声明冯玉祥政变以后所提出的修改条件不能认为有效，清室善后委员会也碍难承认，以后其委员会所有决议亦不能认为有效；如果执政府另筹优待办法，或者改组善后委员会，公平决定，清室当无不从命。所以，12 月 20 日上午 9 时，清室善后委员会讨论点查的会议，清室方面拒绝参加。

12 月 23 日，清室善后委员会致函清室，定于次日开始点查清宫故物，邀请参加，清室依旧拒绝，并于 27 日致函内务部，说执政府是中华民国临时政府，业经国际方面承认，一切法令当然有效。然而，执政府于 12 月 21 日颁发的《查止点查清宫物品令》，为何委员会不遵守？清室正是遵循执政府查止令，未便派员到会。

24 日上午，委员会入宫，点查乾清宫、坤宁宫二处古物。为此，清室特地声明："是日，敝处人员未经与会，贵部（内务部）及军警亦未到场，纯属片面行为。以后，宫中物品，有无损失，敝处不能负责。"

执政府承认了清室善后委员会后，善后委员会再次正式给清室五大臣发送聘书，由内务部龚总长转交。

龚总长郑重致函清室宝熙等五大臣："委员会送来聘书五件，嘱为转致，并婉达诚意。"

龚总长诚恳写道："兹将聘书奉上，即希查收。政府对于兹事，极为郑重，执政并盼诸公，随时莅会，共同查点，以昭缜密。"

清室方面依然抵触，致书龚总长，称："委员会一事，仍候执政筹议办法，再行遵办。此时，未便莅会。聘书五件，附上，既请代缴。"

清室寄希望于段执政，修改优待条件，改组委员会，因此，毅然将五件聘书送还。

龚总长只好再次致书清室，说明情况："细绎来函词意，须俟委员会一事执政筹有办法方能莅会。查此事，业经国务院会议议决办法五，呈奉执政阅定，由部通行各部院遵照办理各在案。兹将办法抄送台阅，仍附上聘书五件，希即查收到会。诸公洞达事理，谅不至胶执成见，致负执政维护盛心。"

随后，临时执政府秘书厅发布第706号公函，请内务部催清室绍英等5人赴会："现在，清宫点查物品，应催绍英、载润、耆龄、宝熙、罗振玉等五员赴会。"

同时，内务部也发函清室，催请五人赴会。

清室方面，仍旧拒绝合作，并以清室办事处名义，复函内务部不能赴会："善后委员会已另聘他人接充委员，藉重会务；该会不俟双方商允，辄由片面之意，另聘他人接充委员，绍英等自难赴会。"

内务部只好耐心解释，复函说明：清室可以随时到会参与点查，"与李煜瀛委员长面谈，诸公既不愿充任委员，自未便重拂尊意，但以清室关系，不妨随时到会"。

清室与内务部如此反反复复地函件往返，历时长达5个月，就是不参与合作。吴瀛先生感叹说："当时，石曾、寅邮、稚晖诸先生，均以宽大为怀，竭力与对方以相当之机会，令其合作。而清室方面，不悟此旨，挟其与执政府有相当关系，以为必操全胜之局，乃尽力之反动，其愚真不可及。"

清室方面不想合作点查是真，要说他们愚钝实在是小瞧了他们，他们费尽心机，想尽可能地拿出宫里的物品可以为证。

1924年12月，善后委员会开始点查故宫古物。清室一方面拒绝合作，一方面又派人出面斡旋，说："溥仪出宫仓促，冬衣没有带出。生活一应物品，也都奇缺，几至无以御冬。请求委员会，在阴历春节前，准酌量取出一些应急。"

内务部龚总长出面调解，李委员长和易先生、吴先生、庄先生等众委员以宽大为怀，同意了清室的要求。

善后委员会同意清室取些冬衣应急，但不许携取有关文化、历史物品，比如龙袍、衮冕、朝冠具有帝制性质的，而违反国体的尤在禁止之列。

清室方面，喜出望外，他们立即派人率内务府仆役和内监，在1925年1月21日、22日，先后两次来到养心殿，携取溥仪所用之衣物、用品。据档案记载，清室方面派人入宫，取皇帝物品，千方百计多取。

第一次：在养心殿皇帝寝宫各处，拿取许多首饰；他们随手想取走乾隆瓷器，以及仇十洲《汉宫春晓图》等。当时，在场监督的委员会人员当场拒绝，坚决不同意。

第二次：从上午9时到12时，在养心殿后之皇后寝宫燕喜堂廊上，清室方面拿出拟好的清单，逐件唱交，主要是珍贵衣物，包括许多貂皮天马和珍贵皮货，以及单夹小衣。

可是，委员会在场人员不知道珍贵物品放在哪里。于是，现场情况完全由清室内监唱主角，指点现场人员，搬移腾挪。

其实，清室方面，目标很明确，意在尽量多拿多得：不论何物，也不论大小，顺手携取，多多益善。

一时之间，秩序有些混乱。吴瀛先后写道：

> 余与马隅卿先生内外照应，开导声说，异常困难。反复告以如有未完物件，不妨下次再来，乃亦充耳不闻。时已过午，无可奈何，乃令军警干涉停止。于是，蜂拥而出，满载而归。

下午余以事他去，情形不悉。有人谓物品一出神武门，即由内务府人自行分取者，有人谓溥仪对内务府欠债累累，目下无论所得何件，均以归还旧欠为先，并无实惠及其个人者。

清点皇宫古物

实际上，清室善后委员会主持点收皇宫古物的工作，在溥仪一出宫便已开始，只是，当时没有组成专门的点查委员会，而点收的只是印玺。

正式清点皇宫古物，是从成立善后委员会之后开始的。

清室善后委员会组织专门人员入宫，点查清宫古物，始于 1924 年 12 月 24 日，第一个点查的宫殿是乾清宫。

点查工作是分为几个组进行的，每天上午是 9 时开始，下午 1 时开始，分别到指定的宫室点查。

每一组都有一张各项职务的签名单，参与的同仁，把这张签名单称为组单。所以，到各宫殿去点查，叫作出组。

组单上，所列职务，包括：

组长一人，负责统筹和指挥全组人员进入和同出指定的宫室，具体指导点查工作；

监视若干人，负责点查过程中的监督工作；

查报物品名目一人，负责唱报物品名称、件数；

物品登录一人，根据唱报物品的名称、件数，核实之后，逐一登记在点查登录簿上；

写票一人，根据登录簿上顺序登录的先后，写出号数票签——厚些的票签，系在绳上，悬挂于物品上，称为挂签；薄些的票签，直接贴在不能悬挂物品上，称为贴签；两签，均只写物品名称、编号；

贴票一人，把写成的贴签贴在相应的物品上，并且核实无误，或将挂签悬挂于相应物品上；

事务记载一人，记录点查情形和点查过程中的重要事情，还有随时报告之责；

照相一人，拍摄点查前的旧贮原状、点查情形、重要物品，以及点查过程等。

组长、监视，通常由委员会委员、顾问、监察员、助理员担任；其余各执行人员，则大多由委员会中的职员担任。

每天上午，各组集齐之后，组长点查人数。然后，由组长领取当天应点查宫殿和所必须经过各宫院门户的钥匙，当场签字。全组人员，在军警的陪同下，到达指定的宫院，准备就绪就开始点查工作。点查时间，从9时到11时许。

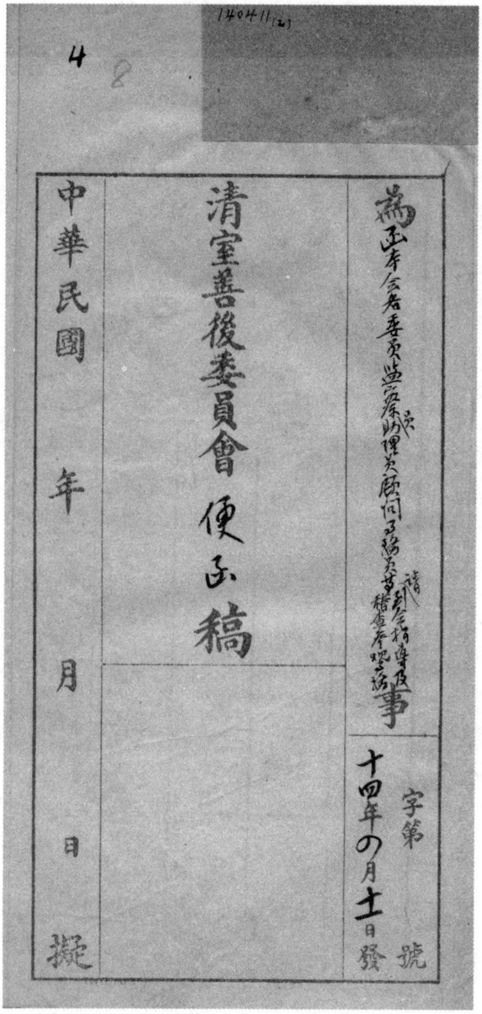

清室善後委員會 便函稿

中華民國 年 月 日 擬

十四年〇月十一日發

字第 號

清室善后委员会便函

宫院之中，每处门户的锁都贴有封条。每天，开一道门之前，必须仔细检查，验明锁上的封条是否完好，有没有什么异样，确实无误之后才能开启。离开之前，要清查人数，全部人员一齐出宫，并依次锁上门，贴好封条，在封条上签字，然后将钥匙交回钥匙房。

这套安全六禁措施，从查验封条、开门，到锁门、贴封条、签字、交钥匙的程序，是宫里传下来的规矩。

从清室善后委员会，到故宫博物院，一直保留着这一宫里的规矩。

清点宫廷旧物的各组人员，对于所点查宫殿中的所有物品，都是按照宫殿来点查的；所有点查之物，也都是按照宫殿进行编号；一个宫殿，给一个编号；编号顺序，是按千字文的顺序编排。

例如：天：乾清宫；地：坤宁宫；玄：南书房；黄：上书房；宇：端凝殿；宙：药王殿；洪：懋勤殿；荒：交泰殿；日：昭仁

殿；月：弘德殿；盈：奏事处；昃：内务府档案，等等。

从“天地玄黄”开始，按照宫殿顺序，点查清宫旧物，共计编有 85 个字号。

每当点查完毕一座宫殿全部旧物之后，由组长核实、签字。然后，按照点查登录簿上的物品记载，如实刊印，向社会公开发售。如此，一则，公开点查工作内容和进展；二则，交由社会各界监督，以取信国人。

清宫旧物点查完毕之后，所有刊印的点查物品薄，汇聚成册，综合命名为《故宫物品点查报告》，前后分为五编，按照宫殿点查之先后次序进行编排。

当时，点查清宫旧物之前，清室善后委员会专门成立点查事务室，管理和负责点查方面的一切事务，主要工作包括：分派出组人员职务，确定每天出组人员，安排各宫殿点查；保管各宫殿门院钥匙，负责各宫院之开门、锁门；编印点查报告，汇集成册；每天检查组单，保管各宫殿点查组单，等等。

点查事务室，设在乾清门西原清宫军机处。

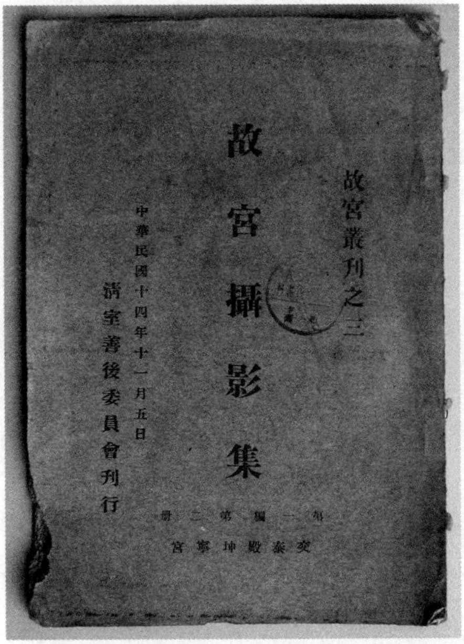

1925 年清室善后委员会编印的故宫丛刊之故宫摄影集

二

筹备成立故宫博物院

清室善后委员会办理各项善后问题，终归是个过渡时期，许多重要的事务，不可能由这个临时性带有民间性的组织来完成。

委员会的委员们都是知识渊博和社会阅历丰富的知名人物，他们感于时局的变幻莫测，从实际遇到的种种问题出发，切实感到要尽快商定一个彻底解决问题的万全之策。否则，恶势力一旦猖獗，紫禁城和城中的无价之宝就会在内外交困中被摧毁。

委员们商议，尽快落实《办理清室善后委员会组织条例》中的第四条：委员会以两个月为期，如遇必要时，得酌量延长之；其长期事业，如图书馆、博物馆、工厂等，当于清理期间，另组各项筹备机关，于委员会取消后，仍赓续进行。

委员们觉得，这“长期事业”的机构应尽早筹备和建立起来，而且，他们还找出了1924年11月7日摄政内阁曾颁发的命令：等到委员会结束之后，即将宫禁一律开放，备充国立图书馆、博物馆之用。

看到这条例和命令，人人觉得事不可缓，便分头积极筹备。而大家共同要解决的问题，是未来机构的组织条例和名称问题。

这个博物院，该取什么名称?

世界各国建有直接以皇宫命名的博物院、博物馆，如德国柏林皇宫博物院、土耳其伊斯坦布尔托普卡珀宫博物馆。

1912 年，清室退位以后，紫禁城被称为故宫。博物院既然以故宫为院址，负责保管宫内的文物、文献、图书，宜直接称为故宫博物院。

故宫博物院成立庆典

1925 年 9 月 29 日，善后委员会召开会议。会议上，委员们议决通过成立故宫博物院，并通过了《临时组织大纲》《董事会理事会章程》，推选出董事 21 人、理事 9 人。

委员会议定，于 1925 年 10 月 10 日“双十节”，正式成立故宫博物院，届时，将在乾清宫举行盛大而隆重的成立庆典。

委员们就故宫博物院的管理原则、施政方针和组织大纲等方面，继续深入讨论；其余同仁，则积极筹备故宫博物院的陈列展览布置，以迎接故宫博物院的诞生。

当时，所有在故宫工作的点查古物、田园房产方面的人员，都暂时分配到古物馆和图书馆的图书部、文献部，然后分组负责，筹办某一类文物的陈列展览：他们先要查出所展文物存放在什么宫殿，再开具提陈单，到该殿提取，办理移交手续；提到文物之后，要细心擦去灰尘，编写卡片，按不同的类别、造型，设计展厅，布殿陈列。

从确定日子到“双十节”，仅仅十余天时间。筹备布陈工作和筹备庆典工作，都忙碌而紧张地展开。到双十节前夕，古物馆、图书馆的陈列室，按照预定要求陈列完成。

1925 年“双十节”，成立故宫博物院的当天，要将宫中五路，全部开放参观，并且将古物馆、图书馆的陈列室一并开放，包括：

中路、内东路，古物馆陈列室——铜器、玉器、瓷器、书画、织绣、漆器、文具等；

西路，帝后生活原状陈列；

外西路，原状陈列，图书馆图书部陈列室；

外东路，图书馆文献部陈列室——档案、服饰、南巡图、大婚图等。

10 月 10 日下午 2 时，故宫博物院在皇宫乾清门内举行隆重的开幕典礼。按照议定，由庄蕴宽主席主持典礼。

庄主席一身素装，郑重宣布：故宫博物院成立大会开幕典礼开始。随后，由清室善后委员会委员长李煜瀛先生上台，向与会众人报告筹备成立故宫博物院的经过。

当时，邀请参加故宫博物院成立典礼者，都是社会政要、名流、学者。他们如约来到皇宫，人人兴高采烈，都穿着节日的衣装，有的长袍马褂，有的是西服，大多数人则头戴礼帽。

> 李委员长身穿中山装，蓄着八字胡，面目清瘦，声音洪亮，面对黑压压的人群，意气风发地演说道：
>
> 自溥仪出宫后，本会即从事将故宫物品点查，并编有报告，逐期刊布。现点查将次告竣，履行本会条例，并遵照摄政内阁命令，组织故宫博物院，内分古物、图书两馆。
>
> 此事，赖警卫司令部、警察厅，及各机关方面同仁之致力，乃有今日之结果。今日，时光至为宝贵，不敢多言。到会诸位先生中，有当日摄政内阁，及警卫司令部领袖均在此，稍迟，更有重要之言论。

李委员长演说以后，前摄政内阁黄郛，身穿西装，登台发表演说：“今日开院，为双十节。此后，是日为国庆与博物院之两层纪念。如有破坏博物院者，即为破坏民国之佳节，吾人宜共保卫之。”

接着，外交总长王正廷董事发表感言：“今日，故宫博物院开幕，鄙人发生两种感想，一即真正收回民权，二即双十节之特殊纪念。”

蔡廷干理事发言之后，鹿钟麟司令登台，声如洪钟，大声发表演说：“大家听过逼宫这出戏，人也指我去年所做之事为逼宫。但，彼之逼宫为升官发财，或做皇帝而为，我乃为民国而逼宫，为公而逼宫！”

听罢，与会听众，长时间鼓掌。

1961年，公民溥仪和当年驱逐溥仪出宫的鹿钟麟在一起畅谈往事

故宫博物院的成立，成为当时国内、国际最轰动的大事。国内各大报刊，许多在头版头条，纷纷做了大篇幅的报道。这一轰动事件，立即引起了世界各国的关注，世界各大媒体纷纷进行了重点报道。

这一天，北京出现了前所未有的欢庆景象：万人空巷，身穿节日盛装的市民都不约而同的涌向市中心所在地的皇宫；他们带着无尽的好奇，看看这个当年平民无人敢涉足的人间禁地，看看高大宫墙内的三宫六院，看看大殿的宝座，看皇帝、后妃们生活的居室都是什么样。

关于故宫博物院成立盛况，吴瀛先生这样写道：“双十节，此零仃孤苦幸得大众赞助未致流产之故宫博物院，居然在万头攒动之中脱颖而出。是日万人空巷，咸欲乘此国庆佳节，以一窥此数千年神秘之蕴藏。余适以事入宫略迟，中途车不能行者屡。入门乃与眷属及三数友人，被遮断于坤宁宫东夹道至两小时之久，始得前进。则开幕典礼已过，乃未得躬与，惟见熙来攘往之盛而已。”

此后，每周6天，故宫博物院全面对外开放，供观众游览：中路（中路、内东路），两天；西路（西路、部分外西路），两天；东路（外东路），两天。

故宫博物院成立以后，清室善后委员会正式发出通电：

北京段执政钧鉴：

各部院、各机关、各省督办、省长、各总司令、各都统、各法团、各报馆钧鉴：

本会成立半载有余，竭蹶经营，规模初具。现已遵照去年政府命令，将故宫博物院全院部署就绪，内分古物、图书两馆，业经本日双十佳节举行开院典礼，观礼者数万人。除该院临时董事会、理事会各规程前已正式披露外，特电奉闻，诸希匡翼，临电无任翘企之至。

清室善后委员会叩

民国十四年双十节（1925年10月10日）

故宫博物院，是中国规模最大的博物院，也是世界上在最大的宫殿建筑群中建立的最大规模、皇宫遗物最丰富的博物院。

学者马衡先生说："吾国博物馆事业，方在萌芽时代。民国以前，无所谓博物馆。自民国二年政府将奉天、热河两行宫古物移运北京，陈列于武英、文华二殿，设古物陈列所，始具博物馆之雏形。此外大规模之博物馆，尚无闻焉。有之，自故宫博物院始。"

故宫博物院成立前后，值得一书者有两件大事：一是成立前保护文渊阁之《四库全书》，二是成立后收回军机处档案。

清乾隆年间纂修的《四库全书》，共抄录了七部，其中，最完整、书品最好、版本最精的要数东华门内的文渊阁所藏的《四库全书》。文渊阁与古物陈列所所在的文华殿，仅一墙之隔，这里不属于故宫博物院所管辖，有人就想利用这一无人直辖的真空空当，想将文渊阁《四库全书》交某书局付印，运出皇宫。

故宫博物院同仁得到这一消息，立即行动起来，在故宫博物院成立前夕的 1925 年 9 月，上书国务院，坚决要求完整保存这里的藏书，任何人不得以任何理由运走皇宫的文物和书籍，否则，谁就是破坏者，就是历史的罪人。

这一呼吁，很快得到了政府的肯定和社会各界的响应。

经研究，最后决定：文华殿、文渊阁一带，全部划归故宫博物院，属重点管辖区；警备司令部鹿钟麟司令，调派一营工兵，连夜在文渊阁南部砌起一道墙，与文华殿分隔开来；这里，经常性设岗，派专人日夜监视。

皇宫军机处的大量档案，一直存放在清宫方略馆。

1924 年，这批档案移交国务院，如山地堆积在国务院内的集灵囿中，没做编目和整理。

故宫博物院成立后，同仁们认为，这批档案，既是故宫的遗物，又极具史料价值，应该尽快归回故宫，进行编目、整理，以供编纂国史、从事历史研究之用。

1926 年 1 月，故宫博物院致函国务院，要求收回这批档案。

国务院很快就同意了，并派人将这批档案，运到故宫北门神武门外的大高殿存放，由故宫派人进行整理。

故宫博物院致函书如下：

查清旧军机处档案，现存集灵囿。自雍正以来，二百年间军事机密，胥具于是。今境迁事过，无所忌讳，是宜公表于世，以资考证。且此项文件与宫中所藏档案关系至密，往往一档分载两处，或两种纪载互相发明，合之两美，离之两伤，亦宜汇聚一处，加以整理。

考历代官私书目，史料传者，大抵编敕成书方能流布，其以散帙传者，未之前闻，即已有成书，如唐二十二朝实录之见于高氏史略者，除顺治一朝外，至明多已不传。宋代史料之见于晁、陈二家书目，如《元丰广案》百卷，《嘉祐御史台记》五十卷，《国朝会要总类》五百八十八卷，至明亦已不传。元代史料见于明初《文渊阁书目》，如《经世大典》七百八十一册，《太常集礼稿》百册，《大元通刊》四十五册，至清初亦已不传。

以此类推，清代遗文，失今不图，后将何及？查德、法等国，所有各机关过时档案，均移存文献馆，以为编纂国史之用。

本院为保存有清一代文物典章起见，用特函请贵院将旧存军机处档案，移存故宫博物院文献部，以便从事整理，一面分类陈列，并可勒成专书，一举两得，岂不较胜于束之高阁，徒供蠹鱼，终归湮没也。

国务院将军机处档案移交故宫的同时，还移交了湖北宜都杨守敬所藏的观海堂藏书。

杨守敬，是清末大臣和历史地理学家，曾在光绪五年随何如璋出使日本。当时，日本正处于变法维新的大变革时期，日人被一种躁动的新时尚所激励，视古书如敝屣，街头巷尾、仓库、垃圾堆中，到处可见大量的古书，其中，不少是珍稀善本。

杨氏乘机尽可能地搜罗，到光绪十年时，已收获颇丰。他在这一年回国，将这一批书全数带回，其中，有许多本子是中国已佚多年的古书。

这批书，成为他的私人藏书，取名为观海堂藏书。

1915 年，杨守敬去世，其后人以 3. 5 万元将这批书卖给政府。政府方面，将这批书的一部分，拨交给松坡图书馆；其余，全部移存于国务院集灵囿。

这次移交故宫的，正是这批集灵囿观海堂藏书，包括宋本、元本、明本、日刻本、日抄本，以医学书籍最多。

风云突变

1926 年 3 月 12 日，冯玉祥所统领的国民军与奉军作战处于对峙状态，日军军舰掩护奉军军舰突然驶进天津大沽口，炮击国民军。国民军英勇还击，将军舰击退。日本恼羞成怒，公然联合英、美等八国，试图重演当年八国联军迫清廷屈服的历史。3 月 16 日，日本正式向北洋军阀段祺瑞执政府交涉，提出立即撤除天津大沽口国防工事等一系列无理要求。

冯玉祥

当时，称这一历史事件为“大沽口事件”。

段祺瑞执政府权衡利弊，不敢拒绝八国的无理要求。

3 月 18 日，北京 5000 余人在共产党人李大钊等人的领导下，举行了声势浩大的抗议示威活动。他们先在天安门集会，声讨和抗议八国强盗和软弱无能的执政府。然后，他们游行请愿，坚决要求拒绝八国的无理通牒。

可是，当请愿队伍行至执政府门前广场时，段祺瑞竟然无视民愿，下令卫队向游行队伍开枪，酿成死 47 人、伤 200 余人的惨剧。

这一事件，便是震惊全国的“三·一八惨案”。

近乎疯狂的段祺瑞，借这次杀人惨案，将积压了多日对于故宫博物院的怨恨之气倾吐了出来，使刚刚维持了 5 个月平静的故宫再度阴云四布，陷入危境。

特别令故宫博物院领导人深感意外和震惊的是，在这不测风云倏忽而至的同时，政治灾难也降临到了他们的头上：惨案第二天，段祺瑞执政府即诬指故宫博物院理事长李煜瀛为共产党人，下令通缉；同时，被以同样罪名通缉的还有理事易培基先生。

于是，李煜瀛、易培基二人失去了自由，故宫博物院也就失去了领袖。

3 月 26 日，故宫博物院召开董事、理事联席会议，紧急讨论故宫博物院如何应对当前的危局——最关键的是，段祺瑞执政府对故宫垂涎已久，该如何应付？

经过讨论，会议决定，推举卢永祥、庄蕴宽二人为维持员，主持全院的工作；并且，定于 4 月 5 日举行正式的交接工作仪式。

此后，故宫博物院进入了“维持时期”。

主持院务工作，名义上是两人，但是卢永祥时任浙江督军，不在北京，所以接收交接工作，全部由庄蕴宽先生承担。

当时，政局进一步恶化。国民军与直奉联军的战事接近尾声，国民军被迫退出京师。鹿钟麟所辖驻守故宫的军队，也将同时撤离。

直奉联军，将接管北京，也将接管故宫，故宫岌岌乎危哉！

在此危难之秋，庄蕴宽承接主持故宫事务的重任。他明明知道执政府垂涎故宫，但他别无选择，在执政府与直奉联军之间，两害取其轻，只得硬着头皮，与执政府内务总长屈文六商议，借调内务部警卫队，接防故宫，代替撤离的国民军。当时，屈总长欣然同意。

吴瀛谈到此事时说：“盖其时，政府当局，时时欲收故宫为己有，固亦无可讳言，特亦知其情事之重大，不得不静候时机之来，屈氏固欲以此为人手之渐耳。”

吴先生对此深为忧虑，对舅舅庄蕴宽说：“千万不要请调内务府警卫队入宫。”庄先生笑着回答：“故宫既无法自练警卫，则舍此更有何策？今彼以其道来，我只得以善意受之，即有计谋，亦未必即逞，异日更图对付可耳。”

4月5日，是新旧班子的正式交接日期。交接工作，主要有四个方面：

新推维持员庄蕴宽全面负责接收；

旧任委员方面派陈垣为代表负责交接；

旧守卫方面的代表是鹿钟麟司令的参谋陈继淹；

新守卫方面的接替。

守卫代表，是内务部警卫队和古物陈列所警卫队合组的守卫队负责人。

参加交接工作的，还包括故宫博物院全体同仁，以及法庭、监察方面的人员、各部总长等，济济一堂。

内务部总长屈文六，带领若干内务部庶务科警卫处人员，带着武器，也亲临现场。

当时，气势很庞大，气氛好像也很热烈，但是，明眼人都明白：这无异于一场鸿门宴。

交接工作的四个方面，除鹿司令一方之外，其余三方，都不了解。

对这段史事，吴瀛先生这样记述：

当时，上述主要方面情形，除鹿芮伯（钟麟）一方外，其余三方情形，一聆会之，乃至堪发噱，亦一小小鸿门宴也。顾此三角式之内情，彼此俱不了了，余即自以为胸中雪亮。当时，亦不能出诸其口，或且竟如庄子知鱼，终成疑问，亦未可知。今则事过境迁，则亦不妨姑以余一人之观察，志之吾记以资谈助可也。

一、内务部方面情形，余所揣测者，已前见矣。故屈文六之到院，藉代故宫组织警卫处之名，当场大派职员，且以舅氏宗人庄君孟玉，为警卫处处长，为之帽子以示联络，为其冠冕文章。

二、一方谓警卫队原属于内务部，则内务总长固无不可派人之理。一方又无形地伸张内务部势力于博物院，以其神妙，固不可测，故一时报纸宣传，有谓内务部已接收博物院等于古物陈列所者，疑亦站在屈方之消息也。

舅氏成竹在胸，已如前述，当然不与计较，含糊而已。陈援庵之心理，其对内务部自与同仁心理相同，视为敌对，已非一日。不仅此也，以余为内务部人而舅氏亦政府现任官吏，固亦不无海鸥之疑，而情势已至无可奈何。乃于其演说交代之际，突然抹杀借调内务部警卫之事实，谓今日为本院自练守卫队成立之期云云。不平之意，见于词色。屈去，复大与舅氏抗争，谓屈之不应在院派员。舅氏则含笑唯唯，不欲遽告以所以然之故。

执政府要接管故宫博物院，内务部将势力极力地向故宫扩张，其用心，故宫的同仁都十分清楚。

负责故宫事务的李煜瀛委员长失去自由以后，庄蕴宽对于故宫的危险处境心明如镜，只是不愿说出来而已。

以学者陈垣为代表的忧愤之士，不相信北洋军阀的许诺和作为，坚决而公开地反对政府插手故宫事务，反对内务部派警卫队入驻故宫。

吴瀛等人从中调停，认为反对内务部派员接管故宫言之有理，不妨将内务部屈总长所派职员一律改为故宫顾问，不接触实质性的东西，从而无形中使屈总长接管故宫成为虚无。

屈总长闻讯，愤然指责维持员庄蕴宽，质问道："故宫明明借用内务部警卫队，经费、衣装都由部里提供，如何贵院说这是故宫自编的守卫队？如此抹杀人情而令我难堪！"

维持员庄先生，只好婉转解释，多方调解和致歉。

这场三角式的纠纷，这才勉强度过。

故宫博物院，正是在这艰难危境之中生存和度日。

守卫故宫的职责很神圣，很重大，既然由内务部派警卫队负责，即将卸任的警卫司令鹿钟麟便郑重向社会各界发表通电，指出清宫古物并非清室私产，而是中华民族历史文化艺术的结晶，中华国民人人无私有之权，人人都有保护之责。

这则通电发表于 1926 年 4 月 10 日，旨在明确责任，将是非功过付之公评；通电叙述了驻守故宫的经过，交代了守卫的职责、时间、形式，以及鹿司令参与故宫事务的过程。

鹿司令的八点申明，基本上勾勒了故宫博物院艰难成立和发展的历程。

处于非常时朝的故宫博物院，开展工作十分艰难，其最大的难点便是经费问题。

段祺瑞执政得此讯息，召见维持员庄蕴宽先生，详细询问此前在故宫的诸公，究竟有没有不干净的行为?

庄先生慷慨激昂、理直气壮地坦陈民党诸公的清白无私。

段执政也痛快地说："你既然全力承担此事，我深感庆幸，故宫需要多少钱，由政府专门拨款。"

庄先生坚决地说，故宫不需要政府拨款。

庄先生毫不犹豫地拒绝，是怕受政府资助，万一陷入北洋政府的泥潭之中，便万难应付。

故宫急需的经费，庄先生决意自行解决。庄先生便和好友熊秉三先生商议，向东方汇理银行转贷三万金，以政府做担保。

十分可笑的是，汇理银行以政府没有信用可言，拒绝以政府做担保。

庄先生便以私人的名义借贷，由治安维持会四老——王聘卿、熊秉三、赵次珊、孙慕韩诸公担保。这样，东方汇理银行欣然同意。

这笔钱，用于开展故宫的业务工作。他们预计，以故宫一年的参观门票收入刚好可以偿还。

复宫运动

1924 年，第二次直奉战争中，冯玉祥回师北京，发动政变，吴佩孚败得一塌糊涂，最后，只好乘船狼狈南逃。

1926 年，一直怀恨在心的北洋直系首领吴佩孚和奉系军阀张作霖、山西督军阎锡山联合，进攻冯玉祥的国民军。经过交战，冯玉祥军被迫离开北京。于是，直奉联军进驻北京，控制了北京的政局，直系领袖吴佩孚成了当然的政府首脑。

故宫博物院，经历了 3 月的李委员长风波、4 月的神武门风波后，5 月份更大的风波再起：清室、遗老和各股颠覆故宫博物院的势力认为，大清秀才出身又一直同情清室的吴佩孚主政，复辟的大好时机到了。于是，他们蜂拥而上，试图卷土重来，彻底扼杀新生不久又没有什么保障的故宫博物院。

吴佩孚控制下的杜锡圭内阁，成立于 1926 年 6 月 8 日。这时，复宫运动，正在全面掀起。7 月 10 日，国务院召开国务会议，秘密议决：由各部各派一人，为故宫博物院保管员，负责故宫事务。

可是，这个作为国务会议的正式议案，既无具体执行办法，又无详细的实施规则；既不对外发表，又不正式宣布，只是拟由各被派人员筹议办理。

此间的真实内幕和详细内容不得而知，但是，这项议案显然在很大程度上受到清室内务府致书的影响，反映了袒护清室的倾向。随后，各被派保管员一度召开会议，讨论接管故宫事宜。最后，不得要领，无法进行。

庄蕴宽维持员派吴瀛前往内务部，询问张总长，是否有改组故宫博物院一事？回答：确有此事。如何改组？回答：一、重新组织委员会；二、旧委员中与东交民巷有关的都去掉；三、加入一部分旗人和元老等人。

加入的旗人和元老，包括载洵、宝瑞、王聘卿、赵尔巽、孙宝琦、何煜等人，依旧请庄蕴宽参加。

庄先生摇头，谢绝说："以后，就不问院事了，太难。"

随后，阁议正式通过改组故宫博物院，由国务院函聘委员 21 人，除庄蕴宽、汪大燮之外，全部是新人；订定暂行保管办法 6 条，设干事若干人，由各部各派一人充任，下设办事员。

7 月 21 日下午 1 时，故宫博物院保管委员会在中海居仁堂召开成立大会。会上，选举正、副委员长。

列席会议的有阁员、委员，委员全都参加，与阁员混杂列席。

当时，据报纸披露，这些人员鱼龙混杂，什么人都有，包括遗老、名流、清亲贵、昔日大官僚、民国议员等。

当时，杜总理亲自主持会议，宣布大会宗旨，并请即日选出正、副委员长。选举的结果是，史学家、清朝遗老赵尔巽当选为正委员长，得 6 票；孙宝琦，同样以 6 票当选为副委员长。随后，两人发表了简短的就职演说。

庄蕴宽称病，未参加此会。

会议之后，庄先生发表宣言，向社会各界明确自己的态度，申明责任，做慎重交代。

庄蕴宽启事

蕴宽行能无似，辱各方推举，于故宫博物院事，始令监察，继任维持，荏苒年余，幸免罪戾，社会监视之严，同仁扶助之切，此蕴宽所应为故宫博物院永永致其感谢者也。

兹者，政府另有保管委员会之组织。会中诸公，多为一时耆硕。前此京师危急之际，尤赖竭力匡扶，今复由维持而入于保管时期，基础益应巩固。

举凡院中国宝重器，以至一草一木，愿始终为国人所共同珍护，发扬光大。视听所昭，岂惟蕴宽一人私幸而已。

蕴宽惟有慎重交代，以清经手，仔肩既卸，藉得养疴，其

为忭欣，尤难言喻。敢告国人，尚希公鉴。

负责故宫事务的维持员庄蕴宽发表启事之后，立即引起了社会各界的关注，人们从启事中看出了庄先生的不满和担忧。

故宫博物院同仁，也立即做出了反应：23日，下午3时，全院同仁齐集神武门内，集议应付方案，提出良策。

议决的结果是，故宫博物院要求政府，明确发表三项声明：一、不发还溥仪；二、不变卖；三、不毁灭。

只有在这三项声明公之于世后，故宫博物院才组织移交委员会，逐项向保管委员会点交，以清手续；同时，故宫同仁又发起监督同志会，摄影留念之后方散。

庄先生和故宫同仁都很重视移交委员会的组建，并仔细订定有关移交章程，认为，逐一点交是此中最最紧要的关节，既是了清手续，也是明确责任，而且，也是为将来监督张本。

保管委员会方面则恰恰相反，认为逐一点交不是最要紧的，既旷日持久，又有种种的不便，最关键的就是权力的移交。

前委员长李煜瀛先生认为，明确责任、清楚手续，是接受故宫所最关重要的。

李先生说："比譬，有人转交银钱包，接受的人如果不当面明点清楚，如何说得明白？新保管委员方面，如果实在不愿意点交，则应该登报发表声明，自愿负完全责任，作为此后如有损失则与旧人没有任何关系的表示。”

保管委员会方面，既不想点交，更不愿发表声明，自愿承担完全责任。

权力和责任移交之事，就这样颇费周折。人们觉得奇怪的是：历来新旧交替，总是新人一定要清点明白方才接受，而旧人则不愿点交；可这一次，却恰恰相反。

8月2日，赵尔巽、孙宝琦两位遗老想到故宫参观。事前，他们曾告知了庄蕴宽先生，庄先生也表示欢迎。赵、孙二人这天上午真的如期来到故宫，庄先生电话中请吴瀛、江潮招待，两人推托有事，没有接受此事，只好让赵、孙二遗老听其自便。赵、孙二遗老到故宫后，故宫同仁方才明白，原来二人不是游览故宫而来，而是以正、副委员长的身份选定这个黄道吉日正式上任，履行委员长的职权，并让故宫同仁发送请帖，邀众人于次日下午赴清史馆集会。故宫同仁们坚决拒绝，认为世上没有这样的交接先例，也不能这样草率地交接。

第二天下午，庄蕴宽没有到会，除江潮、吴瀛等四人系故宫旧人之外，到会的全部是新任的保管委员会干事。清史馆大堂设两张大席，设筵招待来宾。赵尔巽、孙宝琦正、副委员长安然就坐席上，以谦谦君子的姿态，款款畅谈。筵席的气氛近似于同乡或学友问的聚会，大家只谈风月，不涉及接管故宫的话题。

宴会结束之后，故宫方面的代表仍旧坚持必须组织点交委员会和接收委员会，必须点完一处移交一处，没点交以前仍用旧封条，由旧委员会负责，点交完成后由新委员会方面加封，正式移交由新委员会负责。副委员长孙宝琦说，此事再商议。故宫同仁一致坚持，委员长赵尔巽一直沉默不语。这个移交会议就这样不欢而散，没有任何结果。

一连三天没有任何消息，新的委员会也不到故宫开展工作。第四天，8 月 6 日，新选举的正、副委员长赵尔巽、孙宝琦双双辞职。

8 月 7 日，国务院为此召开内部会议，慰留正、副委员长，其阁议的内容十分荒唐可笑，但政府方面再如何热心，也无济于事。

赵、孙心里很明白，故宫同仁心里也很明白，怀着个人私利、私心想接管故宫，那是十分困难的，工作无法开展——赵、孙都是清室遗老，对大清温情脉脉，时时在寻找机会报答故主的知遇和宠顾之恩。

赵氏这次就任正委员长，正是想乘机报答故主，为清室中人尽其可能的谋取利益，所以，赵氏在吴佩孚控制的政府的支持下，想不经清点，立即接管故宫，好从中便宜行事。

想不到的是，故宫同仁都是饱学之士，对什么都看得清楚明白，更不用说接管故宫这样重大的事情了。

这是中国人祖祖辈辈血汗的结晶，是中华民族数千年积累下来的宝贵文化遗产，对于这样一座庞大的宫殿以及宫殿内上百万件珍贵文物，来不得一丝一毫的怠慢、轻忽和苟且。

赵委员长见故宫人如此这般的坚持必须一一清点并公之于世而后才接管，知道这是费力不讨好又没便宜可占的差事，而且责任重大，弄不好还会背负历史罪人的骂名，赵氏只好沮丧地向杜锡圭总理汇报实情。

杜总理是新委员会的热心组建人士，对许多内幕不甚了了，更不明白赵氏的苦衷所在，听了赵氏的汇报，认为清点后移交是理所当然的事，无可非议，而且觉得组建移交、接受两委员会这办法很可取，也很正当，理当照办。

赵氏心烦意乱，苦恼不堪，杜氏这番话，不禁使他勃然大怒，对杜总理失态地大叫道："我这大年纪，还到这儿来碰钉子！"

杜总理感到意外而奇怪，不知道发生了什么事。赵氏回家后，恨恨地说："碰杜锡圭的钉子，真正岂有此理，不干了！"赵氏辞去委员长职务，孙宝琦也只好辞去副委员长一职。

意想不到的事情，再次发生：故宫方面的代表人物陈垣先生，在 8 月 8 日清晨，突然被宪兵司令部王琦带领的宪兵捕去。

陈先生是位博学的史学家，他曾在 8 月 2 日的清史馆筵会上，代表故宫同仁郑重致词，重申必须点完一处移交一处，语词十分坚决，没有一丝商量的余地。

一些想借机大发横财并攀龙附凤的人，对陈先生的态度很气愤，进而对赵、孙二人的辞职感到大失所望，于是，他们把这次没有顺利接管故宫的原因归咎于旧任委员坚持清点移交上，而代表人物便是陈垣。

这样，他们把一腔怨愤全集中倾泻在陈垣身上，千方百计要惩治陈先生，以此来示威。

负责逮捕陈先生的王琦，是张宗昌的幸臣。

张宗昌，是山东掖县人，土匪出身，先投靠直系军阀冯国璋，后又投靠奉系军阀张作霖。第二次直奉战争，任直鲁联军副司令。时年（1926 年）任总司令兼安国军副总司令，全面接管北京。

张司令与赵尔巽有深交，恩谊甚深。可以说，张司令对赵氏很崇拜，很爱戴。赵氏的左右随从，策动王琦出力，王琦知道司令与赵氏的交谊，自然立即行动，将陈垣抓捕。

可是，大学者心胸坦荡，何惧之有？

陈垣大大方方地随着宪兵，来到司令部，一口质问："何事而被捕？请讲明原因！"

司令部里的人，谁也不知道原因，更没有人能出面做解释，只能推说是奉命办理。

宪兵们对究竟何因拘捕陈垣，也都莫名其妙。

到中午时分，经多方呼吁和营救，陈垣先生被释放。

但是，陈先生拒绝出去，一定要问个明白，要司令部讲清了拘捕的原因才出狱。

经朋友们反复劝解，方把陈垣先生送回了家。

这件事后，王琦这位宪兵司令大为愤怒，对人说："陈某太可恶、太不识抬举了！放了他，他还不肯走，一定要问为什么捕他，真是岂有此理！"

司令王琦和学者陈垣，都认为此事岂有此理。

司令有权，觉得想逮谁就逮谁，没搞得你倾家荡产而放了你，就够便宜你了，你还要问逮捕的理由？

学者认为，在这民国时代，公民的人身自由和人格尊严受到宪法的保护，谁都无权想逮就逮，想放就放！

但气愤归气愤，抗议也是白抗议，陈垣先生只好气哼哼地回家。

王琦司令，却还不依不饶，命宪兵司令部，每天派两名宪兵前往陈宅，监视其一切行动，过了很久，他们才将宪兵撤走。

接下来的一个月时间，虽经常有人催庄蕴宽移交故宫，但点查委员会一直没有成立，每次开会、集议，双方人员稀稀拉拉，无任何结果。

政府任命的新委员长不到任，旧的维持员又不负责，故宫博物院实际上处于瘫痪状态。

9 月 22 日，政坛风云突变，杜锡圭内阁风雨飘摇。杜氏通电各军阀辞职，政局突然激变和动荡不安。奉军逼近京师，控制了北京的局势。杜氏内做鸟兽散：外长蔡廷干称病住进了法国医院，内长张乾若、交长张远伯相继离京，卫戍司令王怀庆以嫂子有病为名借口看视嫂子而离开北京。杜锡圭总理面对阁员的离散，只好宣布辞职，杜氏内阁随之解体。

杜氏内阁解体，由其批准的故宫保管委员会也就宣告流产。

故宫方面的问题，悬而未决，令京师有识之士感到忧虑。国务院秘书长孙润宇和其幕僚二人做最后的努力，敦促有关人员集会解决故宫的问题，但没有结果。10 月初，奉军入主北京，全面接管京师事务。北京从此进入奉军主政时期，顾少川摄政内阁，于珍任京畿卫戍司令，负责京师治安。

10 月 13 日中午，于珍司令在帅府园卫戍司令部召开京师治安会议，重点讨论了故宫的安全，直至下午 3 时方散。当时，司令部秘书长杨晓沧，系清室善后委员会成员，极重视故宫的事情，制订的治安细则，十分详细。瘫痪了多日的故宫，至此见到了一线曙光。

李煜瀛先生针对故宫所面临的危机，这时提议邀集京师社会各界名流、学者，发起和组织维持会，同时请政府当局要员和军警方面的代表，以个人身份加入维持会，以维护故宫的安全。众人很赞同这一主张。

10月13日傍晚6时，汪大燮、熊希龄、颜惠庆、庄蕴宽在欧美同学会设宴，盛邀各方来宾，包括王士珍、孙宝骑、柯劭忞、江瀚、王宠惠、范源濂、汤尔和、俞同奎、袁同礼、汤铁樵、任可澄、于珍等，军政各界要人和社会名流学者等17人，大家欢聚一堂，共同讨论组织故宫维持会。商定的结果是：一致赞同成立维持会，由汪大燮、颜惠庆、江瀚、王宠惠、庄蕴宽、熊希龄、范源濂联名致函国务院请求批准成立维会，会员由37人组成。

致函国务院全文如下：

径启者：查故宫博物院储藏历代重宝，关系我国文物，异常重要。前此组织清室善后委员会，并继续成立故宫博物院董、理事会，先后进行，一年有余。前月，政府复有保管委员会之设立，旋以正、副委员长同时辞职，致会务因以停顿。

曩者，蕴宽以情势所迫，勉力维持，瞬逾半载，才轻任重，陨越时虞，而兹事体大，断非独力所能久支。大燮等或任博物院董事，或为保管会委员，自应共筹妥策，暂资维系，当经集议，拟由本院前后同仁，商请各方名流，暂行组织故宫博物院维持会，集合群力，赓续负责典守，一俟有正式机关成立，此会即行解散。用特附具维持会同仁名单，函请贵院查酌见复为荷。此致国务院。

故宫博物院维持会 37 人，包括江瀚、庄蕴宽、王宠惠、王士珍、孙宝琦、赵尔巽、颜惠庆、柯劭忞、汪大燮、熊希龄、梁士诒、汤尔和、潘复、任可澄、卢永祥、张学良、韩麟春、于珍、顾维钧、梁启超、许世英、范源濂、蔡元培、叶恭绰、张弧、胡苦愚、何煜、陈垣、杨度、俞同奎、马衡、袁同礼、吴瀛、沈兼士、汤铁樵、李宗侗、吴承仕。

这是呈送国务院批准成立维持会时的会员名单，后来，在这 37 人之外，又陆续增加了各界名流、要人，共 23 人：汪燧之、吴家驹、祁耀川、杨廷溥、王琦、陈兴亚、邢士廉、李垣、彭济群、吴宗濂、夏仁虎、江庸、罗文干、王式通、曾维藩、余绍宋、赵椿年、冯耿光、祝椿年、王克敏、范殿栋、高家骥、孙润宇。

当时，参与组织创建维持会的 17 人中，包括主管部门的首脑人物：内长汤尔和、教长任可澄、警卫司令于珍。而列举的 37 人加上后增加的 23 人，几乎囊括了当时军政要人和社会各界名流学者。

国务院召开国务会议，专门讨论故宫事务。国务院便将此事交给内务部和教育部两部，共同商定，拿出审定意见。

汤内长和任教长，立即行动。两位总长，定于 10 月 22 日，在北海召开董事议，宴请有关人员共同商议此事。熊希龄、梁士诒、范源濂、吴瀛、王宠惠如约到会，而孙宝琦、赵尔巽、汪大燮、颜惠庆却没有到。

汤内长介绍了国务会议的大致情况，提出讨论此事。

吴瀛先生，详细陈述了前后经过和成立维持会的必要。

众人商议了一番，然后，谈谈风月逸闻，这才散去，但是，这次会议，因教育总长态度暧昧，无任何结果。

令吴瀛感到奇怪的是，这次会议上，教育总长任可澄一直没说一句话，也没有表达自己的看法和意向。

吴瀛记述说：

> 任教长则始终唯唯，绝无意思表示。余以故宫之事，凡两度见之，未尝与交一言，亦未见其对人发一整句之语。以余个人测验所得，则在官言官，于事之黑白是非，盖漠然无所动于中者也。席终，莫名其妙而散，主客均乘车出园。
>
> 惟余步月而归，时已冻寒天气，月色如昼，而游人绝迹。余于踽踽中，细思今日情景，不特深悔发语太多，迹近愚呆，即为燕窝鱼翅着想，亦微觉其冤，乃大佩一言不发者之为得体，木讷近仁，大智若愚，其然，岂其然乎？

此事拖拖拉拉，越发展越蹊跷。成立维持会的函件送呈国务院后，直到 12 月初，政府方面除交内长、教长酌议之外，再没有任何表示，只有故宫的一些同仁及学者关心此事，在私下走动和商谈。

11 月 6 日下午 3 时，卫戍司令部于司令还特地到大院胡同拜会了一次庄蕴宽先生。到 12 月 1 日 8 时，吴稚晖突然告知一惊人消息：宪兵司令王琦，忽然派兵包围大院胡同，要逮捕庄蕴宽；交通已然断绝，电话也有士兵看守。幸庄宅女仆乘空隙逃脱，才得知内情，形势异常严重。

吴稚晖、吴瀛等人，立即动用关系，奔救庄先生。

国务院顾摄阁派杨仲达，代表国务院前往大院胡同，宪兵不买账，禁止杨仲达入内；询问卫戍司令于珍，于司令对此事却一无所知。

总理亲自出面，当即请于司令出面制止。于是，于珍请示张雨霆总司令。正在津门的张总司令得讯，十分愤怒，质问说，谁这样大胆？立即解围。

于司令便于当夜一时，携警察总监陈兴亚急速奔往大院胡同解围，并逮捕了负责这场变故的王琦副官。后来，由于司令多方通融，这场变故才彻底平息，便衣、宪兵也才完全撤走。但变故时，庄先生的长子宅仁，刚从德国回来，调养肺病。此危急之时，他勇敢地与宪兵对峙，受了惊吓。次日，又与前来慰问的宾客周旋。第三天，又到奔救韵亲友家道谢。连日奔波，终至病情恶化，吐血加剧，一病不起，最后，导致惨痛的结局。

政府方面敷衍塞责，维持会发起同仁决定自行成立。

12月9日，众人再次在欧美同学会集会，到会的人员很多，大伙公推汪大燮为主席，一致赞同自行成立维持会，并通过了维持会暂行简章：

一、故宫博物院暂行组织维持会，共同负责，维持本院一切事宜。

二、本会以下列人员组织之，其员额暂以五十人以上，八十人以下：1. 国内名流耆宿。2. 政府或地方官吏，于本会之维持事业，有参加之必要者。3. 本院同仁，久经尽力院事，熟悉院情者。

三、本会应设会长一人，副会长二人，由大会公推之。常务委员若干人，由会长、副会长指定，共同执行本会事务。

四、本会关于保管筹措经费事宜，应设基金委员会，推定委员若干人担任之。

五、本会关于维持院务一切行政大纲，概由大会决定，由会长、副会长及常务委员于该范围内分别执行。

六、本会应于每三个月，开大会一次，遇有临时紧急事项，得由会长临时召集，其日期均由会长决定通知。

七、本会常务，有关于经费事项者，应由常务委员会基金委员，开联席会议解决之。

八、本会议事细则另订之。其分任职务，依别表所定分别制订细则。

九、本简章有必要时，得于大会依致会会员过半数同意修改之。

十、本简章于本会成立日实行。

这次聚会上，众人公推江瀚任会长，庄蕴宽、王宠惠为副会长，叶恭绰、顾维钧、潘复、何煜、赵椿年、夏仁虎、胡若愚、汤铁樵为基金委员会委员。

这样，故宫博物院维持会宣告成立，故宫博物院进入了维持会时期。

会后，将暂行简章、会员名单一并再函国务院内务部，请求核准备案。

12 月 17 日，江瀚会长，庄蕴宽、王宠惠副会长正式就职。由江会长指定 15 人为常务委员：王式通、江庸、汤铁樵、沈兼士、袁同礼、陈兴亚、邢士廉、吴瀛、李宗侗、马衡、俞同奎、余绍宋、陈垣、范殿栋、彭济群。

1927 年 1 月 6 日，《故宫博物院维持会暂行组织大纲》公布。主要内容是：故宫维持会设会长一人、副会长二人，由大会公推，总理全院事务；常务委员定为 15 人，由会长、副会长指定；基金会委员 8 人，由大会推举；古物馆设馆长一人，副馆长二人，由会长、副会长提商常务委员会通过聘任；图书馆设馆长一人、副馆长二人，聘任同上；常务委员会下设总务股（文牍、会计、庶务三课）、保管股（点查、贮藏二课）、建设股（工程、陈设、测绘、摄影四课）、守卫股（警卫课）、招待股（招待课）。所有故宫工作人员，除事务员、书记酌给低额薪水之外，包括会长、副会长、基金委员、常务委员、馆长、副馆长等，概不支给薪俸以及车马费。

与组织大纲同时颁布的还有《维持会常务委员会议事细则》。主要内容是：常委会由会长、副会长、常务委员、馆长、副馆长组成；常委会议案分三种——会长、副会长提议的，常务委员、馆长、副馆长提议的，本院同仁提议经会长、副会长认可，或常务委员三人以上同意的；常委会以会长或副会长或公推委员为主席；常委会每月开会一次，遇特别事项由会长临时召集，会议事项须半数以上委员出席并列席会议委员多数同意才有效，赞成与反对对半时，由会长决定。

维持会常委会第一次会议很快于 1927 年 1 月 8 日下午 2 时在故宫举行，通过了分科职掌规则；讨论了大元帅府交议的“清室要求发还寿皇殿清代帝后像”一案，同仁们激烈反对。1 月 10 日，常委会接受王宠惠辞去副会长一职，选叶恭绰继任；通过了处分永寿宫银锭、金砂及消耗品茶叶等事项。不久，公布了《处分金砂银锭食品临时监察会规则》，规定该临时监察会由如下监察委员组成：京师高等地方检察厅检察长、京师卫戍总司令、京师警察总监、宪兵司令、各部院所派助理员、维持员及常务委员。5 月 3 日，还通过了《故宫博物院金砂银锭食品临时招标规则》。

正当维持会同仁着手处理宫中金砂、银锭时，有人上告京师警察厅。

5 月 7 日，警察总监陈兴亚送来一封信，内中称："故宫处分银锭物品事，当属不甚明了，请缓办。"维持会只好将此事搁置。

这时，故宫的经济状况非常困难，陷入严重的危机，而职员们迫于生计又纷纷索薪，闹得不可开交。

会长江瀚，无计可施，只好宣布辞职。

故宫本身的问题没有解决，外面的麻烦又接踵而至。

8 月 16 日，国务会议决定：

一、清太庙、堂子两处，归内务部坛庙管理处保管。

二、清军机处档案，存放大高殿的，归国务院保管。

故宫同仁们得知此讯，先放下加薪的要求，紧急讨论此事，认为太庙、堂子可以放弃，但大高殿军机处档案，与宫中档案和文献有相互发明引证的重要关系和价值，不能放弃，要据理力争。

于是，他们函商国务院，请求整理完毕后，再行移交。

函件十分诚恳：

……去年一月，函请贵院将前项军机档案，移交本院整理，自接收后，即经派员着手清理。所有档案名目，业已详细整定，拟择其紧要，而未发表者，分类编印。现正编辑外交军事暨摺包等重要档案，分别先后，依次刊行。此项计划，所以裨益于近世史者，实非浅鲜，是以本院正在积极进行。现当工作未竣工之际，如遽移归保管，则前功尽弃、殊为可惜。……

但国务院却不管什么“前功尽弃”“殊为可惜”，态度仍是十分坚决，不仅不同意将这批档案缓交，还指示同时立即移交与这批档案一同拨归的书籍。国务院的正式答复是：“既经国务会议议决移归国务院保管，仍应即日移交，以重典守。”正式复信下附有一段：“又查上次，随同档案移存之书籍、方略等项，亦经议决，一并交院保管，应请将前项一切档案、书籍及方略抄本，均即点交派往之高参议等，如数接收。”

8 月 23 日，国务院阁议，通过了查办故宫博物院一案，委派内长沈瑞麟、农长刘尚清负责组织人员、议定办法查办。沈内长、刘农长随后到故宫博物院查访探视，从 9 月 3 日至 11 日，前后 8 天，查不出任何差错，一无所获。沈内长、刘农长感叹国务院听信了别有用心的人的诬告，赞赏故宫博物院规章制度完备，保管安全而严密。清查无任何不良的结果，大高殿的档案移交也就中止，书籍也不必移送。故宫人员便加紧这批档案的整理工作，到 1927 年 10 月 10 日，这批档案整理完毕，并开专室展览，供民众参观。

这场查办风波，起因于清室人员的摇唇鼓舌，拨弄是非，其主要人物便是前清禁卫军训练大臣、皇室后裔载涛。当时，载涛担任大元帅府翊卫长，深得刚刚在居仁堂就任海陆军大元帅的张镇威的赏识，国务总理潘复、内务部总长沈瑞麟自然对这位翊卫长另眼相看。载涛多次游说，称故宫博物院黑幕太多，理事们鲜有不中饱私囊的人物，都是些贪得无厌的货色。故宫议决处分金砂、银锭，载涛就说：宫中存有金锭 300 万！大元帅、总理、阁臣们都十分震惊，于是，查办案就这样形成。事后，故宫人员反问：如果宫中有金锭 300 万，清室在急需时何不动用，反而要变卖、抵押其金册、编钟？沈内长恍然大悟，不禁失笑。

1927 年 9 月 20 日，国务会议议决故宫博物院管理委员会，确定成立故宫管理委员会，任命王士珍为委员长，王式通、袁金铠为副委员长。

10 月 1 日，国务院国务会议议定，聘任 12 人为委员：沈瑞麟、刘尚清、鲍贵清、胡继德、张学良、傅增湘、江庸、刘哲、赵椿年、陈兴亚、胡若愚、汤铁樵。

双十节，故宫召开隆重的庆祝活动，有 200 余人参加。

10 月 15 日，委员会刘尚清出任奉天省长，改聘莫德惠为委员。

10 月 21 日，由管委会推定的接收委员江庸、王式通、袁金铠、沈瑞麟到故宫接收。

故宫维持会时期结束，进入管委会时期。

“废除故宫博物院”议案风波

1924—1927 年，扫除割据军阀的北伐战争，取得了空前大捷，国民党接管了北平。1928 年 6 月，北伐成功后，南京国民政府委派易培基先生接管故宫博物院。易先生不在北京，便电请马衡、俞同奎、沈兼士、吴瀛、萧瑜代为接收故宫博物院。马衡、俞同奎原为古物馆馆长、副馆长，便负责接收故宫古物馆；沈兼士原为图书馆副馆长，负责接收故宫图书馆，接收工作实际上就是办一个手续。随后，易先生多次致电，请同时接收清史馆、颐和园。至 6 月 21 日，故宫博物院内接收完成；28 日，接收清史馆，并派人前往接收颐和园，但没有办成。

马衡

北伐成功后，故宫同仁及社会各界寄予厚望，以为经历了艰难时期的故宫博物院可以走上正轨，大放异彩。

谁料，在故宫博物院组织法、理事会组织条例经中央政治会议议决通过后交送国府公布时，委员经亨颐竟破天荒地提出一项议案，即“废除故宫博物院分别拍卖或移置故宫一切物品提案”。

此议案一出，舆论大哗。

但是，既然有委员提出此案，6 月 27 日，国务院第 74 次会议便讨论通过决议，把故宫组织法及理事会组织条例，函请中央政治会议复议。

故宫要被废除的消息，便不胫而走。这无异于晴天霹雳，故宫同仁们闻讯，怒不可遏，纷纷上书，指斥此案实属荒唐，滑天下之大稽。

经亨颐废除故宫博物院议案，原文如下：

> 前次常会提出故宫博物院条例，我曾表示对于名称略有疑义，后主席说将来再可提出讨论，因其他积案甚多，故不复多说。现在是否算正式通过？鄙见窃以为此案极宜研究，因再提出动议如下：
>
> 我所怀疑的，不但对于名称，而且认为此种机关大规模的设置许多理事、院长和办事人，实在没有什么意思。先论名称，这五个字分为两截，均不妥当。故宫二字，就过去事实，

以清宫为故宫，原是不错，但我国文学上的习惯，故宫觉得很有怀念的意思。例如古碑，什么故什么将军之碑，以及故乡的故字，也可以联想。总之，故宫二字，不免有禾黍离离之感，是不是应该的？与其称谓故宫，不如称为废宫。

其次，故宫而称为博物院，更大不妥，简直不通。故宫博物院内所有物品，到底博不博？据我所知道，博物院只有两种办法：一种供研究用的。例如历史博物馆、教育博物馆之类，要想教育办得更好，应设这种博物馆陈列各种模型，或研究结果、其他一切实验等。故宫博物院，如其作为这种性质，那么是研究宫内应如何设备，皇帝所用的物事应当如何办的，岂不是预备那个将来要做皇帝，预先设立大典筹备处吗？这一定不是的。

还有一种是范围很广，分门别类，无所不备的，就是要实做一个博字，所谓扩充教育的性质。试问故宫里这几件珍贵品，不过古董一小部分，并且照现在的组织，有什么图书、文献，绝不是一般博物馆所有的事。图书馆是另有大规模独立的必要，这种组织万万不像。博物馆的组织既不博，又不合用，故宫博物院五字连缀起来，简直可说是一种莫名其妙的机关。所以，我的意见，不如根本废除为是。

所以主张废除的理由，不但是名称，如仅论名称，故宫博物院认为不妥，根据事实改一个废宫奢侈品陈列所，好不好？我想主张故宫博物院的人，一定不赞成，因为太不重视了。但我要问皇帝物品为什么要重视？据我的理解，皇宫不过是天字第一号逆产就是了。逆产应当拍卖，将拍卖大宗款项，可以在首都造一所中央博物馆，至多将清宫物品中有可以供美术研究的分别陈列，而且不必特设一室，表明为清宫物品，应当分类并列在其他性质相同的荟在一处，标明是清宫物品，未始不可。

至于像漆雕宝座等皇宫气十足的东西，我以为不使后人看见更好。以雕漆为美术，别的雕漆正多，不是宝座，就无所谓皇室物品，归在一般的博物馆中，永久保存的目的，并不两样。老实说，故宫博物院难免有黑幕，现在的几位理事先生，或不致如此，听说前已经有人制成赝品携去易换真物的把戏，将来一定有骨董欲的人混到里面去。稍不注意，不到一二十年，所谓故宫的珍品，尽成赝品了。

保管二字，简直变为保完，绝不是现在所以设立这机关的本意。我的办法，图书应当分出另办图书馆，在首都也不可少的。关于文献的，可以交给中华大学负责，现在所定的故宫博物院条例即决意废止，所有理事一起改为中央博物馆筹备委员，另订委员会条例，主要责任，是审查所谓故宫的博物，哪一件可以拍卖，哪一件可以保存，当然要由中央议定几条原则。

这种头等逆产，价值一定不小，不但好骨董的，还有好奇的，因为是皇帝物品，买的人必多，骤得巨款，立刻可将博览会破屋，使他焕然一新，事半功倍，首都一个伟大的博物馆，可于最短期内成立，似乎比没意思的故宫博物院，年年花许多钱维持下去好得多哩。是否，请公决。

经亨颐的废除故宫、拍卖宫内古物的议案在报纸上刊登之后，各报争相转载，一时舆论大哗。故宫同仁反响尤为激烈，愤慨之情，无不溢于言表，一个个谈及此时无不一脸怒容。其时，负责接收故宫的易培基先生仍在生病，滞住江湾。易先生得知经亨颐议案，抱病电告故宫同仁，吩咐在国民党军政各界要人光临故宫时，一定要殷勤招待，并着重详述故宫博物院建立之后所经历的种种困厄，以及故宫博物院不可废的理由。故宫博物院同仁积极准备，同时，古物保管委员会主席委员张继挂名递交抗议呈文，驳斥经亨颐提案。

故宫博物院以积极的态度向社会开放，并精心准备，隆重地迎接党、政、军各界领袖人物和社会名流。国民党领袖蒋介石及各集团军总司令、各路司令以及吴稚晖、邵力子、张岳军等人都先后抵达北平，并一同前往故宫博物院视察。故宫博物院派吴瀛为代表，详细介绍了故宫的奋斗经过、经亨颐议案的情形以及故宫成立之必要、故宫文物的重要性等，获得了各界人物的一致首肯和同情。故宫博物院方面还将这份陈述报告递呈各位来宾，内容如下：

故宫博物院，自十三年（1924 年）十一月摄政内阁时期，为贯彻革命目的，劝导溥仪出宫，由李石曾先生等组织办理清室善后委员会，接收故宫及颐和园以及前清室内务府所属一切财产，约集社会各界人士，合力工作，并于十四年（1925 年）十月成立故宫博物院，以期保存数千年来，吾国文化之精粹，并由国民军鹿总司令及善后会同仁等，公推庄思缄先生继续维持。

十五年（1926 年）十一月，复由同仁共同组织维持会管理，而宫外财产，已失去军队之保卫，如颐和园及一切其他房产，或为军阀还诸清室，或为各官署任意私卖占据。其时，反动分子，清室余孽，对于本院事业摧残破坏，无时或已。并于冯总司令、鹿总司令、李先生及同仁等任意造作蜚语，诋毁诬蔑，无在不用其极，本院仅得保存不绝如缕。其间，杜锡圭内阁时，明令赵尔巽等接收本院，危害同仁，几经奋斗抵抗，始得无事，情势尤殆。

十六年（1927 年）十一月，奉方另组管理委员会，强欲接收，所幸委员长王聘卿先生，尚能继续保管，以至今日。兹国民政府，光复北平，并经议决，特派易寅村先生接收在案，本院幸得出险。方庆文化事业，赖以不坠。

乃闻国府经委员亨颐提议，故宫文物为逆产，废置故宫博物院，拍卖院内所有一切物品等语。无论故宫文物，为我国数千年历史所遗，万不能与逆产等量齐观，万一所议实行，则我国数千年文物，不散于军阀横恣之手，而丧于我国民政府光复故物之后，不幸使反动分子、清室余孽，当时横加非议者，今乃振振有词。同仁等声誉辛苦，固不足惜，我国民政府，其何以自解于天下后世？拟请迅电主持，保全故宫博物院原案，不胜万幸。

沈兼士、俞同奎、马衡

吴瀛、萧瑜同启七月八日

张继先生以大学院古物保管委员会主席的名义上书中央政治会议，全文有理有据，词锋激荡成趣，全面驳斥经委员的提案，令委员们叹服。全文如下：

古物保管委员会上政治会议呈文

为呈请事：窃故宫博物院，成立已将四年，竭数百人之心力，维持于危难之中，幸免摧残。北伐既成，北京既克，钧会正式通过故宫博物院组织条例，派员接收，保障文化之功，中外人士，所共钦仰。乃昨读报章，见经委员亨颐废除故宫博物院拍卖古物之提案，不胜惶骇。

考其所持，约有五端：一、故宫博物院名称不通。二、研究皇帝所用的物事，是预备哪个将来要做皇帝。三、图书文献，非博物院所应有。四、逆产应当拍卖。五、保管问题。强词夺理，莫此为甚。今谨逐条批驳，为我政治会议诸公陈之。

一、经委员说“故宫而称为博物院，简直不通”，又说“有怀念的意思”。故宫二字，不过表示以前彼处曾为“宫”而已，又何怀念之足言？至于故宫博物院联络成文，不过表示博物院所设之地点为故宫，与上海特别市政府七字联络成文，表示市政府所在地点为上海相同。此种用法，触目皆是，从无异议，何对于故宫博物院独有问题耶？且夷考欧洲各国，以旧时皇宫改作博物院者，不一而足，且多以某宫某宫冠于博物院上，而为之名，如巴黎之“狼宫博物院”等皆是。至于柏林之“皇宫博物院”，直以“皇宫”名之矣，又岂故宫而已哉？此尤是证故宫博物院之名称，准诸世界而可用者也。

二、经委员又说，“故宫博物院，若作为研究性质，那应是研究宫内应如何设备……岂不是预备哪个将来要做皇帝，预先设立大典筹备处吗？”是说诚荒唐之尤者。研究以前的历史，是完全学术之供应，而非为实行彼时之现象。现在世界学者，争研究近代野人之生活，及发掘荒古时代原人之器物，若以经委员所说例之，是则近代学者，欲弃其进化之生活，而履行古人之茹毛饮血穴居野处乎？譬如医生研究病状，是为得治病之方法，绝无人焉，以为彼之研究病状，为预备实行患此病也。故宫博物院亦何不可做此观察？参观者见宫墙高且多，无异囹圄，见宫中生活之黑暗，一无乐趣，或可兴起其薄视天子重视平民之念乎。

三、经委员又说，图书文献，“绝不是一般博物馆所有的事”。殊不知，伦敦之英国博物馆，就包有图书、文献两部分。相类之博物院，亦欧美所习见者，从未闻世界学者，有所批评者也。

四、经委员又说“逆产应当拍卖”。逆产应否全数拍卖，已成问题。法国大革命，其雄伟之风，激昂之气，迈越往古，为后来各国革命者之先导。“然方其拍卖法王室之产业也，亦有与历史有关之建筑物、物品等除外”之令。且故宫已收归国有，已成国产，更何逆产之足言？故宫建筑之宏大，藏品之雄富，世界有数之博物院也，保护故宫，系为世界文化史上尽力，无所谓为清室逆产尽力也。且故宫诸藏物，皆由明清两代，取之于民，今收归国有，设院展览，公开于民众，亦至公也。与拍卖以后，仅供私人之玩弄者，孰公孰私，不待辩而即知矣。

五、经委员又说“从前已经有人制成赝品，携去换易真物的把戏”，想系对于冯总司令玉祥、鹿总指挥钟麟而言。当时清室遗老，恨溥仪之被逐，奉系诸逆，畏国民军之威严，亟思有以中之，造作谣言，载诸报纸，别有政治作用，遂有种种传说。然冯总司令之从未履宫门一步，鹿总指挥之奉公守法，不畏勤劳，凡参与清宫物品点查者，类皆道之。本会委员马衡、沈兼士诸君，身与目击，尤能绝对担保人言之不足信。经委员此语，采及流言，想明察如政会诸公，必不轻信之也。

经委员又说“现在的几位理事先生，或不致有黑幕……不到一二十年，故宫的珍品，尽成赝品了”这两句话，岂不是有意自相矛盾？说现在的诸位理事不可靠吗？图穷而匕首见，其谁信之？现欧洲各国，为供历史之参考，对于以前皇政王政时代物品，莫不收罗保存，惟恐落后。即苏俄在共产主义之下，亦知保护旧物，供学者之研究。至于美国，以新建国家，自己原无故物，亦争往欧洲寻购，其不可得者，更以石膏模型代之，其惜古之心，何其壮耶！至于档案，虽一纸之微，亦不肯弃亡，本国者不足，更求之于他国。伦敦英国博物院所藏广州总督衙门档案甚多，研究太平天国时事者，莫不求助于北。海参崴博物院所藏东三省档案亦至多，前年苏联驻北平大使馆参赞伊瓦诺夫，且要求北京大学派人往海参崴，代为整理，议虽未成，然苏俄之注意文物，由此可见。

一代文化，每有一代之背景。背景之遗留，除文字以外，皆寄于残余文物之中，大者至于建筑，小者至于陈设，虽一物之微，莫不足供后人研究之价值。明清两代，海航初兴，西化传来，东风不变，结五千年之旧史，开未来之新局，故其文化，实有世界价值，而其所寄托者，除文字外，实结晶于故宫及其所藏品。近来欧美人士，来游北平，莫不叹为大可列入世界博物院之数。即使我人不自惜文物，亦应为世界惜之。还观海外，彼人之保惜历史物品也如彼，吾人宜如何努力，岂宜更加摧残？

且故宫之内，所藏与革命史料有关者颇多。汪精卫之供词；赵尔巽、徐世昌等身事民国，仍向溥仪称臣之证据；段祺瑞因此屡次思加以摧残，赖多方之护持，始未得逞。今经委员一加提议拍卖物品，逆证随消，是何居心？诚不敢加以臆测也。两月以前，张作霖亦有提取故宫物品之议。本会曾电当时主院事者之王士珍、袁金铠等，谓“国宝摧残，国刑具在，清慎保护，以免国诛”！王等深惧物议，其意随寝。足见摧残文物，谁敢尸名？维护历史，莫肯居后。即张作霖，亦不敢排当时清议，受千载恶名也。

至经委员以为拍卖古物，可以建筑博览会，是直如北京内务部之拍卖城砖以发薪矣。尤而效之，总理在天之灵，亦必愤然而不敢也。今者北平初克，外邦人士，对于吾党之措置，异常注意。若不建设是尚，专加破坏，文化摧残，谁负其责？是为钧会所不取。本会保管古物，职责攸关。心所谓危，不敢缄默。明达如诸公，必能排去邪议，保障文化。敢请仍照原议，设立专院，使有责成，而垂久远。后来学者幸甚，世界文化幸甚！

谨呈中国国民党中央执行委员会政治会议

大学院古物保管委员会主席委员张继

三

故宫博物院闻名于世

经亨颐的议案风波在社会各界的讨伐下，渐渐平息。主持北平事务的国民党，在随后的中央政治会议上，一致赞同维持原案，即成立故宫博物院。1928 年 10 月 5 日，正式公布《故宫博物院组织法》，3 天后又公布《理事会条例》。故宫博物院在国民政府的认可下重新运转起来，经费有了保障，社会各界的专家、学者云集于此，很快故宫博物院以宏伟和规模庞大的宫殿建筑群以及上百万件宫廷珍品而闻名于世。

1929 年 2 月，国务院任命易培基出任故宫博院第一任院长。易院长于 3 月 5 日任命各部处负责人：古物馆馆长由易培基兼任，副馆长是马衡；聘任庄蕴宽为图书馆馆长，副馆长是袁同礼；张继任文献馆馆长，沈兼士任副馆长；秘书长是李宗侗，俞同奎任总务处处长。图书馆馆长庄蕴宽因迟迟不能赴任，改聘江翰任馆长，于 3 月到任。

故宫博物院理事会理事都由国民政府任命，选自社会各界的知名人士和学者。第一届国民政府任命的理事共 37 人：李煜瀛、易培基、黄郛、鹿钟麟、于右任、蔡元培、汪精卫、江翰、薛笃弼、蒋中正、宋子文、冯玉祥、阎锡山、柯邵忞、何应钦、戴传贤、张继、马福祥、胡汉民、赵戴文、班禅额尔德尼、恩克巴图、马衡、沈兼士、俞同奎、陈垣、李宗侗、张学良、胡若愚、熊希龄、张璧、王宠惠。李煜瀛先生任理事长，院长、副院长、内政部长、大学院院长是当然理事，院长、副院长为当然常务理事。

故宫博物院从诞生到闻名于世，中间经历了许多的艰辛。吴瀛先生这样写道：

> 呜呼！大道之行也，天下为公。千百年来取诸有众私于一姓之窟宅，一旦公诸天下，非大道之端乎？各界同仁胼手胝足，效墨翟之风，为自苦无报之工，非公之至乎？而其行也，或尼之；其动边也，或厄之；其为真也，或且以为曲焉；其为公也，或且以为私焉，如何昊天，辟言不信，世乱之日亟而是非之日泯乎！此吾述院事前后五年之经过，而不禁感慨系之者也！……
>
> 故宫博物院之嬗化，吾华千百载文明精粹之所寄，乃无策焉，拯之于臬兀颠沛之中可乎？是则故宫之必为博物院，犹后

稷之必为生民。吾同仁者，亦牛羊与鸟耳，其敢贪天，以为己力？虽然汤武革命，顺乎天而应乎人，天民视听。古人亦诏我矣！使徒作信天之论而不重人事，则腓字与覆翼之劳，又奚赖夫牛羊之与鸟？是此牛羊与鸟者，使命至巨，胡可自菲？

宫廷珍宝库——古物馆

1925年“双十节”，故宫博物院成立时，设两大馆——古物馆、图书馆。理事会公推易培基为古物馆馆长，张继为副馆长，调用原点查委员会人员开展馆务工作，在乾清宫前后周廊开辟数处陈列室，陈列宫廷古物。

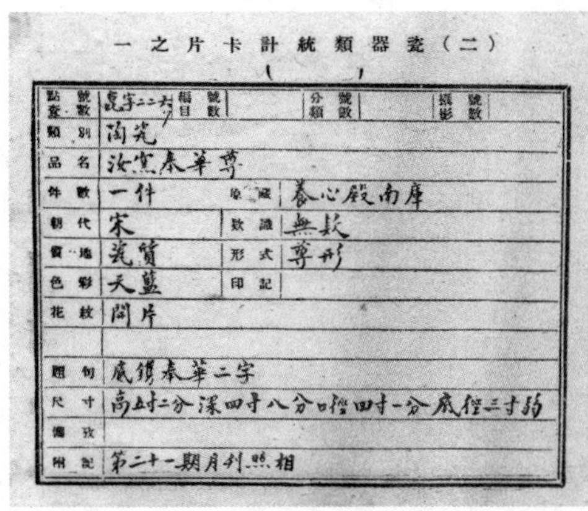
（二）瓷器類統計卡片之一
點查號數 瓷字二二七 | 編目號數 | 分類號數 | 攝影號數
類別 陶瓷
品名 汝窯奉華尊
件數 一件 | 庫藏 養心殿南庫
朝代 宋 | 款識 無款
質地 瓷質 | 形式 尊形
色彩 天藍 | 印記
花紋 開片
題句 底鐫奉華二字
尺寸 高五寸二分深四寸八分口徑四寸一分底徑三寸五分
備考
附記 第二十一期月刊照相

故宫博物院瓷器类统计卡片之一

1926年春，时局动荡，易馆长、张副馆长离开北京。故宫博物院维持员庄蕴宽会同众理事商议，改推庄氏任馆长，俞同奎任副馆长。

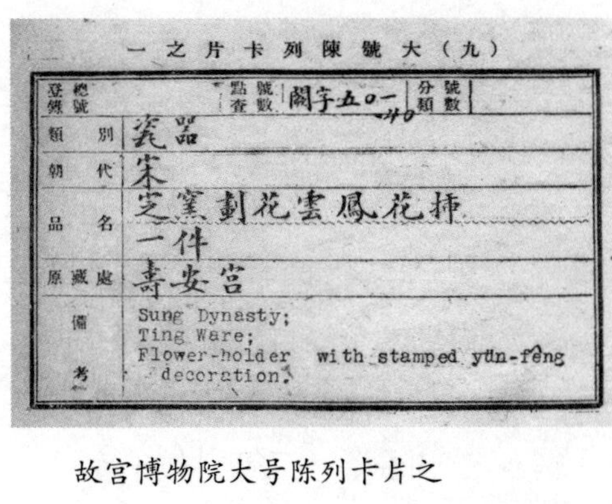
（九）大號陳列卡片之一
登記總號 | 點查號數 閾字五〇一 | 分類號數
類別 瓷器
朝代 宋
品名 定窯劃花雲鳳花插
一件
原藏處 壽安宮
備考 Sung Dynasty; Ting Ware; Flower-holder with stamped yün-fêng decoration.

故宫博物院大号陈列卡片之

1926年10月，修缮紫禁城西部慈宁宫北邻的西三所，选定为古物馆馆址。

1927 年 11 月，故宫博物院改组，王士珍任委员长，庄蕴宽辞去馆长一职，改聘江庸任馆长，马衡、俞同奎任副馆长。馆内设建设、编录、流传、事务四课，次年创设照相室，预备影印流传宫藏书画珍品，出版刊物。

1928 年 6 月，国民政府统一华北，接管北京。次年 2 月，国民政府任李煜瀛为委员长，易培基为院长兼古物馆馆长，马衡任副馆长。从社会各界聘请古器物、历史、文献方面的专家学者为专门委员，组成专门委员会，负责审查、鉴别宫廷书画和铜器、瓷器、竹器、木器、牙雕等古物，并准备发行专刊和定期刊物以介绍这些宫中珍品。

古物馆聘定的专门委员都是名噪京师的古物方面的名家，包括江庸、沈君默、吴瀛、俞家骥、容庚、陈汉第、郭葆昌、福开森、邓以蛰、萧愻、关冕钧，以及王禔、钢和泰、钱桐。三位德高望重的专门委员到任后不久故去：丁佛言，廉泉，曾熙。另有 8 位专门委员一直未曾到馆：朱文钧、谢刚国、陈郁、叶恭绰、郑洪年、魏怀、萧瑜、谭泽闿。

古物馆在馆长、副馆长之下设科长、一等科员、二等科员、三等科员、一等办事员、二等办事员、书记、学习书记。科长 2 人：齐念衡，应尚严。一等科员 2 人：谭元，易显谟。二等科员宋际隆。三等科员朱家济，刘延涛。一等办事员蔡理庭、那志良、吴玉璋。

古物馆成立之初，选定在隆宗门内南屋三间中办公，一切因陋就简。随着工作的展开，这三间小房不敷应用，便选定慈宁宫后附属的一区院落为馆址，1926 年 5 月迁入办公。1928 年春，创设照相室，在最东的一处院落改建玻璃室、暗室，为古器物摄影。因日光照相不适宜于古器物，1929 年春又在西院馆长室西厢架电线、通电流，辟电光照相室。

古物馆重要的工作之一便是传拓历代古器物。在古物馆创立之初便设立了流传课，制定了一套较完备的传拓各种古代铜器的细则和钤拓古印规则，将物品的提送保管、材料纸墨的收发注销、拓工工作的监视以及出品拓片的印鉴登记等一切手续，都进行严格的规定，以免流弊。凡是经过审定有价值的古器物文字，均付传拓，以资研究流传。从 1929 至 1932 年，传拓就达上百种，其中名品包括散氏盘、嘉量、大鼎、颂鼎、龙母尊等。

宫廷图籍库——图书馆

故宫三大馆之一的图书馆实际上是宫廷图籍宝库，保存的是中国历代宫廷书籍。

故宫博物院成立之初，设古物、图书二馆，图书馆内设图书、文献二部，以陈垣任馆长，袁同礼、沈兼士任副馆长，分掌图书、文献事务。不久，选定紫禁城西部寿安宫为图书馆馆址，而以外东路南部的南三所为文献部办公场所。

1926 年 12 月，江瀚为会长的维持时期，图书馆将国务院移送的观海堂、方略馆、资政院原藏古籍和前清军机处档案进行整理，并于次年“双十节”时公开对外展览。

故宫博物院图书馆旧址：寿安宫

故宫博物院图书馆大门：寿安门

1927 年 11 月，王士珍任故宫管委会委员长，仍设古物、图书二馆，图书馆设图籍、掌故二部，任傅增湘为馆长，袁同礼、许宝蘅为副馆长，继续提取各宫殿善本图书，集中于寿安宫，图籍部负责影印善本书影，掌故部则刊行掌故汇编。

1928 年 6 月，国民政府统一南北，易培基部长出任故宫博物院院长，聘请庄蕴宽为图书馆馆长，袁同礼为副馆长。两馆长就职后，积极集中宫廷善本，整理藏书。

1929 年 5 月，成立图书专门委员会，由故宫博物院聘请全国古籍方面的知名学者出任专门委员，包括陈垣、张允亮、陶湘、朱希祖、卢弼、余嘉锡、洪有丰、赵万里、刘国钧，馆中一应学术事务都由委员会讨论决定并实施。

1930 年 3 月，庄蕴宽难以到任，由江瀚任馆长。

馆址寿安宫系自成体系的一处院落，分成外院、正殿、东院、西院四个部分。外院东庑、西庑，各有房 5 间。图书馆成立后，东庑为善本书库，西庑为阅览室。外院很整洁，院内栽有枣树、杏树、桃树和柏树，后来栽种有海棠和丁香。每年四五月间，海棠和丁香盛开，满院子香气袭人。正殿又称内院，南殿春禧殿，北殿寿安宫，左右为二层延楼，回抱相属。图书馆建馆后，将内院左右延楼进行改造，装上玻璃，辟为书库：东楼上下排列经部、史部和志书，西楼上下排列子部、集部和丛书；北殿辟为殿本书库和特藏库，南殿西屋为满文书库，东屋专藏杨氏观海堂藏书；北殿北部还有一个后院，东、西有福宜斋、萱寿堂，辟为经书库和复本库。寿安宫北部紧邻的宫院是英华殿，也划归图书馆，辟为善本库和佛经陈列室。

馆中所藏系历代皇宫藏书，包括皇帝写经、明经厂本、清殿本、内府本、宋至清刻本、抄本、地方志、戏本、图样等等。这些藏书提自宫中各主要宫殿。仅1929年至1934年，从各宫殿提取善本集中于寿安宫就达9369种，265330册。提取善本的主要宫殿都是皇帝、后妃日常生活和政务办公的所在宫室，包括昭仁殿、景阳宫、位育斋、毓庆宫、懋勤殿、上书房、斋宫、宁寿宫、南书房、景福宫、弘德殿、钦安殿、摛藻堂、乾清宫、养心殿等。计其中的重要藏书包括：文渊阁《四库全书》36078册，摛藻堂《四库全书荟要》11151册，善本书库11857册，殿本书库25060册，经部书库7510册，史部书库28261册，子部书库16701册，集部书库20013册，满文书库12843册，杨氏观海堂书库15906册，方志书库57239册，复本书库70830册，杂书库6193册。

宫廷文献库——文献馆

故宫博物院成立时，图书馆下设图书部、文献部，文献部负责宫廷文献类的档案和物品。1927年6月，文献部改称掌故部。1928年10月，故宫调整机构，设秘书、总务三处和古物、图书、文献三馆——掌故部从图书馆中分立出来，单独成立文献馆。

文献馆系宫廷文献库，负责明清时期宫廷档案和历史物品的保管、整理、编辑、出版等事务；设馆长、副馆长，负责馆务，下设二科——第一科，设保管、陈列、事务三股；第二科，设整理、编印、阅览三股。但在实际运作中，档案分类分组管理，包括五组：内阁大库档案组、军机处档案组、内务府档案组、宗人府档案组、宫中档案组。

文献馆所管档案计有一千万余件。其中，明朝档案极少，仅3000余件，以明末天启、崇祯时期兵部档案为主；清宫档案占绝对多数，包拓清初天命时期（1616年）至清逊帝时期三百余年间的全部档案。从全宗档案看，有中央机关的、地方机关的、皇族事务的、军事方面的以及个人的等，50万件以上的全宗档有四个。档案以汉文为主，兼有满文、满汉合璧及少数其他文字的，包括制、诏、诰、敕、题、奏、表、笺、咨、移、札、片、禀、单、图、册等百余种。

文献馆所藏虽直接继承的是所有明清宫廷文献，但这些文献也不是很全的，有许多文献在历史岁月中被销毁。清末光绪二十五（1899年），清廷就销毁了大批内阁题本。民国初年，发生了震惊全国的“八千袋事件”，导致大批清宫文献流失——宣统元年（1909年），为修缮年久失修的内阁大库，将库藏实录、圣训移至大库南的银库暂存，其余一部分留在大库内，一部分存放在文华殿两庑。

内阁大学士、管理学部事务的军机大臣张之洞奏请以大库所藏书籍设立学部图书馆，其余系“无用旧档”，请求焚毁。张之洞是大学问家，他的奏议当然允行。次年6月，内阁大库修缮完毕，实录、圣训仍送回大库；档案、书籍则照张之洞所请，没有送回大库。学部参事罗振玉派赴内阁接收这批书籍，看到大库内堆积如山的档案，随意翻检，觉得均是近世史上最可宝贵的史料。于是，罗振玉上奏张之洞大学士，请求留下档案，不要焚毁，这批重要文献于是幸免于难：全部交归学部，一部分送至国子监南学，一部分送学部大堂后楼。

1913 年，北洋政府教育部设历史博物馆于国子监，接管了这里的档案。1916 年，历史博物馆迁至午门，档案也随之迁至午门整理——整理工作近乎粗野，部曹数十人，将档案放在地上，每人拿一根棍，拨拉稍整齐的档案收存，其余则装入麻袋。1921 年，历史博物馆经费日绌，将棍杖下淘汰的档案，装入约 8000 麻袋，重约 15 万斤，仅以 4000 元的“破烂”价卖给纸店——这真是学人的耻辱！

这便是“八千麻袋事件”。

纸店将这批“破烂”运往外地准备销毁造纸，罗振玉得讯后，于 1922 年 2 月以 1.2 万元买下了这批档案。罗振玉从中翻检了一些，刊印在《史料丛刊初编》上，引起了学界的注意。1924 年，善于“赢利”的学者罗振玉留下了小部分文献，其余以 1.6 万元卖给李盛铎。1928 年 12 月，李盛铎以 1.8 万元卖给中央研究院历史语言研究所。这批档案饱经磨难，劫后余生，至此 15 万斤只剩下 12 万斤了。

1929 年 8 月，历史语言研究将这批档案，集中于午门整理，其中一部分最重要的文献于 1933 年随大批文物南迁，不久又运回，存放于北海蚕坛，先后刊行了《明清史料》甲、乙、丙三集等，1936 年运至南京 100 箱，随后运往台湾；其余没有南迁的档案，一直存放于午门、端门，1952 年由文献馆改称的档案馆接收。罗振玉留存的档案，不久运至旅顺，于 1934 年成立大库旧档整理处进行整理，1936 年移送奉天图书馆。罗振玉用这些档案先后编印了《大库史料目录》六编、《史料丛编》二集、《明季史料拾零》六种、《清史料拾零》二十六种、《清太祖实录稿》三种。

1922 年，北京大学得知历史博物馆留存的档案，请求政府拨给北大整理。当年 7 月陆续运往北大，共 62 箱，1502 麻袋。这部分于 1952 年移交档案馆，历史博物馆当时留下了一部分，现在仍存于中国历史博物馆。

1925 年，故宫图书馆文献部集中宫中各宫殿档案，包括懋勤殿、批本处、景阳宫等各处档案凡 380 余箱，集中存放于紫禁城外东路南端的南三所和西二所库房，进行分类整理，有奏折、图籍、上谕、档簿、贡单、试卷、履历单等多种。同年 12 月，接收了原存东华门大街光禄寺内的宗人府玉牒等，存于宁寿门外东西院。

随后，文献馆先后接收和集中了大批宫廷文献：原存于隆宗门外咸安宫左侧方略馆内的军机处档案，1914 年移送国务院，存于中南海集灵囿，1926 年 1 月移交文献馆，存于紫禁城北的大高殿，计档案 75 架，古书 55 架；1929 年接收刑部档案 103 箱；1937 年接收宗人府玉牒、档簿；1946 年接收溥仪档案 20 余箱，等等。

宫廷中的文献，糟毁的有多少？实在难以统计。鲁迅先生说："中国公共的东西，实在不容易保存。如果当局者是外行，他便将东西糟完；倘是内行，他便将东西偷完。"

四

故宫文物南迁

日本自明治维新之后，快速地走上了一条经济飞速发展、军事上急速现代化之路。这个被海水围困着的岛上民族不满足自己的弹丸之地，渴望着扩张领土，在亚洲大陆上建立庞大的殖民帝国。日本在中日甲午战争和日俄战争中连连得手，更刺激了他的扩张野心，这样，他们便将魔爪伸向了觊觎已久的朝鲜半岛和中国大陆。

日军先是抢占了中国东北。他们借助日俄战争的胜利，轻易地获得了俄国拥有的旅顺、大连租界权以及长春至旅顺的南满铁路权。他们以保护铁路为名，将装备精良的关东军开进满洲，进而积极准备扩张。日军借口沈阳北部柳条沟南满洲铁路三支枕木被破坏，悍然发动了震惊中外的沈阳事变，关东军紧急行动，闪电般地攻占了南满各大中城市，煞有介事地拥逊帝溥仪建立了伪“满洲国”。

日本关东军在中国东北磨刀霍霍，虎视眈眈地盯着华北，盯着中原大地。

时局险恶，战云笼罩着北平。

中华民国国民政府眼看着沈阳事变后东北陷入日军之手，预感战火会很快燃烧到华北。八朝古都的北平怎么办？紫禁城和宫室中的上百万件珍宝怎么办？ 紫禁城再一次笼罩在时代的浓重阴影下。日本鬼子的飞机耀武扬威地盘旋在北平的上空，贪婪地注视着绿树点缀其间的紫禁城宫阙。

紫禁城内静悄悄的，这座看上去只有凄凄荒草的空城，其实各宫室内正紧张而有序的忙碌着——学富五车的专家、学者们脸上蒙上了一层尘土，正在细心地挑选着宫中的古书、字画和古物珍宝，一一装箱准备南运。

故宫三大馆紧急行动

沈阳事变发生在 1931 年，故宫博物院精选文物精品的工作在 1932 年秋天便开始。有人认为这有点杞人忧天，起码有些操之过急。但事实上，历史已经证明，这在当时是明智而果断之举，赢得了宝贵的时间，使文物珍品能从容南迁，不致有什么意外的闪失，更没有在匆忙中丢失和损坏。

沈阳事变后仅 6 年，1937 年 7 月 7 日，北平郊外由日军有意挑起的卢沟桥事变爆发，日军大举入侵华北。

故宫博物院理事会通过了装箱决议，报请国民政府核准以后，故宫三大馆便紧急行动起来。

故宫博物院秘书处和总务处负责装箱南运的准备和协调工作，三大馆则分别负责本馆精品文物的选取、装箱。

民国时期文物南迁时之故宫大高玄殿旧照

故宫上百万件遗物，其中的极品很多，选取哪些？选取的标准是什么？总的原则是：选取文物中精品中的精品。具体的做法是：三大馆各个陈列室的陈列展品，都是经过挑选的，可以认定为精品中的珍品，优先装箱南运，各馆再从各自库房中选取精华装箱。

精品选出和确定后，下一步就是装箱。文献、档案的装箱，应该容易些，没有什么问题，困难的是古物馆古物珍宝的装箱，如瓷器、陶器、玉器、雕刻工艺品等易碎之物，装箱要慎之又慎。

古物的装箱，责任重大，但又不能不装。怎么办？有人提议，说琉璃厂的古玩商人对古器物的装运很在行，因为他们常将古瓷器、玉器等装箱运往外地，有的甚至销往国外，长途运输和转运，没有什么损毁，一定有些秘诀。

故宫博物院真的诚心诚意聘请琉璃厂古玩商人入院装箱指导，

说院藏都是国家一级文物，是宝贵的财产，千万不能出现一点差错，所以，请他们传授秘诀，以确保宫藏文物的安全。古玩商人在国家利益面前也不敢太过精明，欣然答应，表示愿意为国家效力。

将古玩商人们请到了故宫博物院，将珍品文物按类分别包装、装箱。他们在包装和使用特殊材料时，古物馆的同仁们都在一旁看着，既是监视，也是学习。古物装箱果真有一套技艺和秘诀，主要是两个字，一是紧，二是隔。“紧”就是将所装器物要装得紧紧的，绝不能有一丝一毫的松动，这是第一要紧的，否则，器物之间会发生碰撞，在搬运之中不是毁就是破。比如玉器，几件平整地装在一起，要捆扎得牢牢的，不能有任何松动，一包一包装入箱中，塞以棉花、稻草，塞得结结实实的，没有空隙，使箱内成为一个没有空间的整体，无论怎样搬运、摇动，箱内固定很紧的器物都不会晃动。“隔”就是隔开，将器物与器物之间用棉软的东西如棉花、纸等隔离。如瓷盘，五六个一组，每个瓷盘之间隔一层棉花，叠在一起，捆紧为一包，外面再裹以棉花紧紧包扎后入箱固定；再如有盖的器物，将盖翻过来，中间垫上棉花，使盖与器物之间不发生摩擦，环上也同样要缠上棉花，然后再包裹以纸张、棉花，入箱固定。

箱子是临时赶制的木箱，长约 3 尺，高、宽各 1．5 尺，没有锁，都是盖子，钉上钉。古物馆的古物几乎都是使用这种箱子，每个箱子里都垫上厚厚的稻草，上面再铺一层棉花，然后再把隔离好、捆扎好的器物装箱；在包与包之间、包与箱之间，用厚厚的棉花塞紧、塞实，直到打成包的器物丝毫不能动弹为止。塞紧、塞实以后，再在上面铺一层棉花，最后再小心地用钉子钉牢。

图书馆古书和文献馆档案，一小部分也是用这种新制作的木箱装运，但绝大部分是用曾装过香烟的木箱，而钟粹宫、斋宫原有的木箱，起用为装贮书画精品。这是尽可能地节省一点开支，以确保文物能顺利南运，因为书籍、字画，是没有破碎之虞的，箱体结实即可。

古玩商人辛苦了好几天，很尽心尽力。但他们没想到的是，仅这几天的辛苦之后，他们的装箱秘诀便被故宫人学去了，他们随之被辞退。宫藏古物还有许多，仅干几天就行了？古玩商人们疑惑不解，但他们再也不可能入宫。

古玩商人被辞退后，故宫人如法炮制，热火朝天地干了起来，干得很专业，一点也不比古玩商人们逊色。

古物馆精品珍宝按英文编号，每一箱文物精品装好箱后，小心地将盖子盖好、钉牢，然后贴上封条，刷上字号。各馆木箱的字号有所不同，由各馆自行决定。古物馆精品珍宝木箱，按照英文字母编号；后来又有一部分古物，则按天干编号。

图书馆古书按类编号，图书馆装箱的古书精品箱件，按所装古书的类别首字编号。

秘书处文物的特别编号。三大馆紧锣密鼓地选取文物精品装箱的同时，故宫博物院秘书处也奉命将故宫特藏文物进行选取和装箱工作。

按照故宫博物院文物保管的分工，凡是三大馆各自提取、保管的，都有提单存放于秘书处；没有提走集中不属于三大馆而仍存放于各宫殿原处的，则由秘书处保管。

秘书处所负责的这部分文物，也都是宫中的特藏，同样十分珍贵，其珍品精品不少。秘书处组织专家、学者和工作人员分别到各宫殿去选取，在装箱编号上，主要分两大系列：一是按照宫殿编号，如“长”字是长春宫，“康”字是寿康宫；二是按类编号，如“缎”字是指缎库遗物，“丝”是指丝织品衣物。

紫禁城高墙大院内，故宫博物院悄悄地将宫廷珍宝古董精品挑选装箱，一切都是那么平静而悄无声息地进行着。

不久，消息灵通的北平人得知了这一消息，消息便不胫而走，很快尽人皆知。人们感到很惶然，珍宝装箱南运，那意味着将这北平拱手让人？

北平市民纷纷以各种方式抗议和反对故宫古物精品装箱南迁，认为这批珍宝离开北平，会使人心涣散，士无斗志，民心浮动，这城市怎么能平安？宫廷的古物虽然重要，但是，比起市民的生命来，比起这八朝古都的城市和土地来，终归是次要的，微不足道的，谁主谁次，什么重要，什么不重要，不是很清楚吗？

报刊上的反对之声日益强烈。有些人干脆上书国民政府，提出严厉质询：政府悄悄命令将宫廷文物装箱南运，这是政府看重古物而轻视人民，遗弃人民！遗弃人民就是遗弃这座政治、文化古城！遗弃这座古城就是遗弃国土！这种行为是错误的，是很不明智的！人们呼吁政府，立即停止将宫廷文物装箱南运，采取有力措施保家卫国、保护北平、安抚人心惶惶的人民！

国民政府却很快控制了舆论，尽可能地淡化此事。

抗议的市民和团体前往故宫和国民政府所在地，工作人员一律好言相对，说谣言不可信。

政府方面的真实看法是：日本鬼子既然大胆地发动了沈阳事变，其野心绝不仅仅在中国东北，他们的下一个目标就是华北，而且不会太久！平津与东北相邻，一旦战火燃起，北平便沦为战场，胜负姑且不论，战火下的宫廷珍宝肯定处于危险状态，必须想尽一切办法将精品珍宝转移——土地丧失了可以再夺回，城市损毁了可以再重建，但文物珍品毁坏了将永远不可复得，损失也不可估量。

那志良先生谈到此事时，这样写道：

> 平津接近东北，战争发生之后，可能成为战场，文物就有受到损失的危险。土地失掉，还有收复的可能。人民留在平

> 津，还可以协助政府抵御敌人。惟有古物，留在那里，只有受到损失的危险，没有一点好处。况且，这些国宝，是几千年来的文化结晶，毁掉一件就少一件。国亡还有复国之望，文化一亡便永无复国之望了。
>
> 世界各国，在战争期间，把重要文物迁运到安全地带不乏先例，没有只求安抚人心，而把国宝放在危险地带任其毁灭的。
>
> 政府于是不顾反对，仍然继续做迁运的准备。

故宫文物珍宝的装箱工作不仅没有停止，而且更加紧锣密鼓地进行，仅仅半年多一点的时间，装箱工作便告结束，准备起运。

北平人得讯之后，反对的声浪再次掀起，公开反对之声一浪高过一浪，有的干脆恫吓和威胁，说一旦文物启运，就要在车站、铁路上安装炸弹，让人员、车辆和文物统统完蛋！这一武力威胁的说法像流行感冒一样传遍北平的街巷，人们既新鲜刺激，又觉得惊恐和害怕，更觉惶然而无奈。

押运宫廷文物的所有工作人员，无一例外地接到了恐吓电话，一句话：“当心你的命！”

那志良先生这样记述：

> 那时，我已参加押运第一批南迁文物的工作，听到了不少恫吓的话。有人说，运文物的车只要起运，便有人沿铁路去装

炸弹，叫你们粉身碎骨。

凡是被派定的人，没有一个人不接到匿名信，没有人不接到恐吓电话，这个电话都是很简单的一句话：“你是要押运古物，当心你的命！”

当局惟恐发生意外，运输工作定在夜间办理。

日本鬼子由锦州控制了辽东湾北岸的南满各城镇以后，积极经营这座入犯华北的最佳立足点——这里是连接北平所在的河北、热河、满洲的交会点。

1932 年 1 月的上海事件——上海市民殴打 5 名日本僧侣，将其中一人打死，日军出动航空母舰，派 3 个师团登陆上海，与中国军队交战，中日进入了没有宣战的战争状态。7 月，日关东军认为条件成熟，悍然进攻热河，华北的战火燃起。到 1933 年 3 月，日军占领了热河省，并攻占了华北长城一线的重要关口山海关。

从北平到热河省，最近的直线距离不到 50 公里，侵占热河的关东军可以旦夕直抵北平城下。

北平危如累卵，千钧一发。

国民政府毅然做出最后的决定：宫廷文物珍品立即起运南迁，一切在夜幕中进行。

分批南迁

黑云笼罩下的北平，人们显得惊恐而焦灼。战争的脚步越来越近，市民越发的有些急躁。宫廷文物珍品要起运的消息一经传出，人心浮动，一股惊恐的情绪立即在北平流动，仿佛北平已经处于战火之下。

强烈的反对之声再次鹊起，抗议的行动也在加剧。市民们质问政府：国家、国土、古城、人民、文物，谁最重？谁最轻？将文物古董迁走，留下国土、古城和人民拱手让人，真正岂有此理！

政府府方面也顾不了太多，也没有时间再做多余的解释，下定了决心：由全副武装的军警严密戒备，立即开始南迁古物，深夜进行。

故宫文物南迁箱子

第一次确定的起运日期是在1933 年 2 月 5 日深夜。从紫禁城到天安门到北平火车站西站的道路全部封锁，由荷枪实弹的军队戒备和保卫。百余辆大型卡车开进皇宫，装满了宫廷文物精品的木箱一一有序地装满了卡车，卡车悄无声息地离开紫禁城，离开故宫博物院，离开皇城南大门的天安门，缓缓驶向西站。到站以后，文物精品木箱立即有条不紊地被换上货物列车，装了满满一火车。2 月 6 日，39 节车厢的特别列车二编列在军队的武装护卫下向南方出发，离开了北平。

其实，在 2 月 5 日之前，文物精品出宫南迁的日期确定过好几次，但一再变迁，这一决定在 1 月份便已做出。

那志良先生回忆说：

> 第一次决定的起运日期，是在民国二十二年（1933 年）一月间，日期我已记不清了。白天把准备起运的箱子装上了汽车与板车，全体职工忙了一天，就等到天黑之后运到车站去。可是，到了半夜，仍无消息，最后才知道这天停止起运了。

宫廷文物珍品先后分五批离开故宫，武装押上火车南迁。

第一批南迁文物是 1933 年 2 月 5 日装上火车的，2 月 6 日起运。

那志良先生这样记述了当时的情况：

> 民国二十二年（1933 年）二月四日，又得到消息，第一批文物是在二月五日夜间装车，二月六日上午起运。大家又紧张起来，凡是担任押运的同事，都提前回家，整理行装。

我回到家后，一面把这个消息告诉家中，一面到各处辞行。晚间，家里可热闹了，来了许多人，也收到许多礼物。这些礼物中，最别致而最有人情味的，是我的婶母送给我的一包土，她告诉我，这是家乡土，带了家乡的土，便不会忘了家乡；你在外面如果是水土不服，感觉不舒服，闻一闻土，或用水冲服一些，病就会好了。老太太的话，灵与不灵，不必管他，其情却是感人的。

二月五日中午，大批的板车，拖进院里来，一箱一箱地装上板车，一车一车地拖到太和门前，集中在一起。

天黑了，由天安门到前门外火车西站这一带地区，戒了严，不准任何人通过。一辆板车紧接着一辆，在暗淡的灯光下，静悄悄地前进。除了执行戒严工作的军警之外，没有行人，没有车辆，在这种凄凉的景象中，大家的心情，都是沉重的。

民国二十二年二月六日清晨，第一批南迁文物由北平出发了。

据当时参与南迁工作的人回忆，再细查当时的有关详细资料，发现第一批南迁文物，共装了整整两列火车，从北平出发南下，沿平汉线，一路风驰电掣，没有任何阻碍，也没有炸弹爆炸，很顺利地直抵郑州；到郑州后，火车改变路线，沿陇海线向东运行，抵达徐州以后再改津浦线到达浦口，南迁的目的地第一站是这里。

据说，当时交通部特别下令沿途各铁路分局，除了特别快车以外，所有车辆，一律让行，让文物列车先行通过，并必须万无一失地确保文物列车的安全，不允许有一丝一毫的疏漏。

第一批文物运抵浦口后，暂时待命。国民政府方面还拿不定主意，文物是存放在上海好呢？还是应放在首都南京？当时有人主张，文物应运到上海，上海地方大，可用的仓库很多，很容易找到合适而安全的地方存放。可不少人担心，日本鬼子垂涎上海很久了，说不定什么时候就会入侵上海！所以，更多的人主张，文物应存放在南京，因南京是首都，戒备森严，也更安全些。

第一批文物的最后目的地是哪里？没有人知道，政府方面没有做出决定。押运文物的故宫人不知道将去哪里，只有耐心地等。铁路局没接到国民政府的通知，也只能等，他们把两列文物列车停放在靠边的铁道上，静静等待。

全副武装的军人依旧寸步不离地守护着文物列车。

停放在浦口的第一批文物列车，一等就是一个月，留南京还是去上海，依旧举棋不定。

3 月中旬，政府方面终于做出决定：古物、图书部分，全部运到上海；文献部分，全部存放南京。

各方面立即行动起来，押运文物的故宫人，先将文献馆文献运过长江，送到南京行政院大礼堂收贮妥当——这批文物，后随第四批文物也运到上海。文献安顿好后，接着运古物、图书，在浦口将文物箱卸下火车，装上招商局的江靖轮，此轮是专门用作运送文物的轮船，没有任何闲杂人员，由浦口直航上海。

上海存放文物的地点确定在法租界天主堂街，是一座七层楼的大仓库，钢筋水泥建造的大楼，很结实，也很安全。这里是当年仁济医院的旧址，与别的房屋不相连，相对很独立，有利于警卫和消防，谁也不知道这里存放着什么，只看到军人在警戒，以为是一处军事要地。

第一批文物顺利入库保存以后，故宫博物院派定专人在南京、上海文物库房专责保管，其余所有押运文物的故宫人在上海休息了几天，便迅速返回北平。

政府方面，看到第一批文物顺利地南迁，决定将所有装箱的精品，陆续起运；与此同时，北平古物陈列所也接到内政部密令：选取文物精品装箱南运。随后，颐和园、国子监也都接到密令选取文物装箱南迁。

故宫博物院有了装箱和南迁的经验，便有责任、有义务协助上述各文物单位做好选取、装箱和南迁工作。故宫派工作人员前往古物陈列所，帮助他们选取文物精品，细致装箱，运上火车南迁。故宫应颐和园方面的邀请，派人前去鉴定文物，选取精品装箱；然后，颐和园委托故宫代为南运这些文物。故宫派两位专家朱家济、吴玉璋负责颐和园的选取、装箱和南迁工作。国子监的石鼓，行家认为是稀世珍品，无论多么困难，也应该装箱南运。故宫博物院古物馆副馆长后升任院长的马衡先生，就是主张最力的代表人物。石鼓顺利地被确认装箱，这项工作由故宫博物院专家庄尚严先生负责，是由古玩商人达古斋经手装箱的，装得结实而安全。

从第二批南迁文物开始，故宫博物院文物之外，又加入了古物陈列所、颐和园和国子监的文物精品。

1933 年 2 月 6 日至 5 月 15 日，南迁文物先后分五批运完，历时近 4 个月时间，共计南迁文物 19557 箱，其中，故宫博物院文物 13491 箱，包括古物馆 2631 箱、图书馆 1415 箱、文献馆 3773 箱、秘书处 5672 箱；附运文物 6066 箱，包括古物陈列所 5415 箱、颐和园 640 箱、国子监 11 箱。

文物太多，法租界的天主教堂七层楼哪里装得下，又在英租界四川路仓库租了一层，专放文献馆文献，就是从南京移运过来的那部分。

这批南迁文物，虽都是精品，但在精品之中还有最为珍贵的，这些最珍贵的宝贝便都集中存放在法租界天主教堂库房的第五层。这一层的每一个库门上都装有警铃，一旦遭遇不测，库门一碰，捕房的警铃便会立即鸣叫起来，全副武装的军警就会马上赶到。

每一个库门，加固两把锁，钥匙由故宫博物院保管一份，行政院委任中央银行掌管另一份。每次开库，必须由故宫博物院会同中央银行两方面一起开库，否则，就无法入内。

文物点收

1933年春夏之交，1300余箱宫廷文物精品，悄悄地离开了红墙碧瓦的紫禁城，离开了八朝古都的北平，运往南方，去向一个陌生的遥远的不可知的地方。

这批宫廷文物珍品，约40余万件。从离开紫禁城的那一刻起，它们就在忐忑和惶惑中踏上了一条充满荆棘的崎岖之路，开始了其颠沛流离的生活。它们不愿意背井离乡，不愿意流浪；然而，它们又别无选择地必须流浪，这一流浪，就是数十年。

但是，无论它们走到哪里，寄身在何处，它们都是故宫的孩子，都是紫禁城的宝贝，它们最终都会回到故宫，回到紫禁城它们自己的家。它们的命运如何？而今在哪里？有没有损毁？何时能回到紫禁城？这一切，都时时在牵动着每一个中国人的心。

这五批文物因从装箱到南运一直时间匆匆，根本没有工夫一一登记造账建册，因此，自第四批文物运抵上海以后，故宫博物院的押运员便留下一批，在上海造册建账。

五批文物抵沪后，北平和上海同时对库存宫廷文物进行点收。

上海确定了几条点收原则：

一是统一编号。五批到沪的文物，来自不同的单位，即便是同一单位如故宫博物院，也是来自自成体系的不同部门，装箱的编号五花八门，头绪太多。这次把每一馆、处的箱件集中一处，规定一下字来代表，按序编号。马衡接替易培基任故宫博物院院长，统筹上海的点收事宜，马院长确定“沪上寓公”四字分别代表故宫古物馆、图书馆、文献馆、秘书处的存沪文物。

二是统一钤盖印章。易培基院长的“涉嫌盗宝案”对故宫博物院的所有人员震动都很大，大家有了戒心，也就格外谨慎。马院长提议，所有存沪文物中能盖章的如书画、图书、纸片等，都一一钤盖一印作为标记，以示点收。钤什么印？有人建议，刻一方“故宫博物院收藏印”钤盖，但马院长不同意，觉得这仍欠妥当，主张应由其他机构经手去刻印章，经手盖印，负责保管，而不应由故宫博物院工作人员保管，故宫人员只负责点收即可。

三是审查和登记。南迁文物精品清册上登记的名称都是依据清室善后委员会当初点查后编印的《点查报告》，这里面有一些从名称、品质到朝代等方面都是不可靠的。故宫博物院与监委会商议，凡是没有经过审查委员会审查和定名的并认为有异议的，就将该物包好，监委会在包外鉴名盖章，留待日后交审查委员会鉴定，且在点收清册上注明“待审查”。而原著录太过简单的，这次点收过程中一一做详细的登录记载，写明名称、质地、色彩、尺寸、款式、完好与破损情况等。

四是补号与印清册。南迁文物的编号，有些在转运过程中遗失的，在清册中注明“号待查”。这次点收，一律将缺失的都补齐，三馆一处文物，分别用四个字代替：秘书处“全”字，古物馆“材”字，图书馆“宏”字，文献馆“伟”字，四字合为“全材宏伟”。点查完毕后，将点查结果汇在一起，油印成册，取名“存沪文物点收清册”。这个清册十分重要，是以后各个时期清点南迁文物的原始清册，各箱文物的名称、件数也都以此为依据。

故宫博物院南京分院

1933 年 7 月，故宫博物院理事会召开第一次会议，原则上通过了成立故宫博物院南京分院，并将南迁国宝存放于南京。

1934 年 12 月，故宫博物院举行第四次常务理事会议，理事王世杰正式提出议案，将南京朝天宫全部划归故宫博物院，正式成立故宫南京分院，并作为仓库地点，将存沪的全部南迁文物存放在这里。经过理事会商议通过，呈送国民政府行政院核准，获得批准。这样，南京存放国宝的库房顺利地得到解决，故宫博物院南京分院也顺利地宣告成立。

依山坐落的朝天宫地势高旷，占地面积达 138 亩，宫殿楼阁因山作势，巧夺天工，飞檐翘槽壮阔宏丽，数公里之外，就能从绿树

1936 年 4 月 15 日，国立北平故宫博物院建筑南京分院保存库房奠基典礼

掩映的山地中看见这参差起伏的宫殿，非常美丽。

朝天宫，是古代冶城的旧址，三国时这里是吴国一处重要的冶铁铸造中心。五代时吴王杨溥最早在这里兴建北极宫，宋代时改称天庆观，元代改为玄妙观，旋又升为永寿宫。明建都南京，洪武十七年时，太祖朱元璋下令重建此宫，改称朝天宫。

宫殿后有一处重要的建筑，称为万岁亭，朝廷的所有重大朝贺礼仪，都要在这里先练习入贺仪，确实无误后才允许入大内朝贺。

这里有集惊险与精美于一身的飞霞、飞云、景阳三阁，入此三阁凭栏远眺，京师人文风物尽收眼底。

清同治四年，李鸿章任两江总督，想大力推动教育，将这里改建为府学，建成了棂星门、戟门、大成殿两庑，其余的工程因时局紧张而无法进行。曾国藩随后总督江南，继续这未完成的府学工程，先后建成了崇圣殿、敬一亭、宫墙、泮池、牌坊、府学头门照壁、明伦堂、尊经阁、教授、训导二署和名宦、乡贤、忠义、孝悌等祠，成为南京最重要的古迹之一。

1935 年 4 月，故宫博物院理事会决议，推举内政部部长、教育部部长和理事罗家伦、理事李济、故宫博物院院长马衡等组成朝天宫工程委员会，诸人任工程委员会委员，负责工程具体各项进程。这一议案顺利地获得了国民政府的通过。

朝天宫作为当年的府学重地，此时属于教育部管辖。1935 年 7 月，教育部正式将朝天宫移交给故宫博物院。

将府学学堂的朝天宫改建成收存文物珍宝的库房有相当的难度。学堂是学生活动的场所，讲究宽敞明亮，以人为中心；而库房则是国宝收存的场所，讲究隐蔽安全，以物为中心。国民政府将工程款项很顺利地拨下，改建工程迅速展开，首先是改建库房的工程日以继夜地进行，然后再着力于兴建南京分院的办公室、展览室等。

占地 138 亩的朝天宫，改建时分为不同的区域。东部明伦堂背后一带，地势广阔，易于守护，空气的干湿程度适宜，决定将这里改建成国宝房库。西边相对应的一线，地势狭长，没有办法改建库房。中间地带，是清代兴建的府学建筑，从崇圣殿、大成殿、戟门到棂门，都基本保存完好，这次只做修缮后加以保留，作为故宫南京分院的展览室。

珍藏国宝的库房要求很高。库房一律都是由钢筋水泥建成的，分上中下三层，每一层一个库，各层在前面截出一间相对独立的地

1936 年 4 月 15 日，国立北平故宫博物院建筑南京分院保存库房奠基典礼之奠基碑，左为北京大学校长、国民政府大学院院长、中央研究院院长蔡元培，右为故宫博物院院长马衡

方作为办公室，不与库房相通。库房的后面是一座长满绿草的小土山，土山的下面，特地开掘一个山洞，做密实的加固处理，作为一个特藏库，与前面地上一层的一库连通——地洞库房，建在厚实的土山下面，即使遭遇飞机空袭，炸弹也无可奈何，大家便叫这地洞库房为保险库，保险库收藏着最为珍贵的国宝。这里的库房有点像一级军事监狱，也有点像当年关押失宠后妃的冷宫：门窗都是闭着的，除了三层上仅有六七寸见方的小窗之外一律没有窗子，库内的空气流通全靠机器来调节，温湿度都要保持在适宜的范围之内。

朝天宫兴建工程，在 1936 年 3 月动工，8 月份全部完成。

朝天宫库房改建完成了，故宫博物院奏请将存放在上海的南迁，珍宝迁运南京。

1936 年 11 月，国民政府行政院核准将所有存沪文物运往南京。12 月 8 日，各项准备工作就绪后，正式开始转运。

这次从上海运往南京，也是先后分五批。转运的方法是：从上海到南京下关，由火车运输；从下关到朝天宫，改由汽车运输，一路上全由全副武装的军警护卫。

这次运往南京的南迁文物精品，除了先后五批的所有南迁文物之外，还包括一百箱文物，这一百箱文物是：故宫博物院精选宫廷精品参加伦敦中国艺术国际展览会的文物 80 铁皮箱，参加艺展会初选入选而复选被淘汰的文物 7 箱，古物陈列所参加伦敦艺展的文物锦囊空盒 2 箱，前故宫博物院院长易培基“涉嫌盗宝案”法院认为有疑问的文物 11 箱。

1935 年 5 月，文献馆南迁文物中的满文老档 8 箱被运回北平。1936 年 2 月，满文老档 1 箱又从北平再次运到上海。这样，文献馆南迁文物少了 7 箱，总数由 3773 箱变为 3766 箱。从上海运往南京的文物，因为又增加了 100 箱，减去文献馆少了的 7 箱，总数上较之存上海时多出 93 箱，共计 19650 箱。

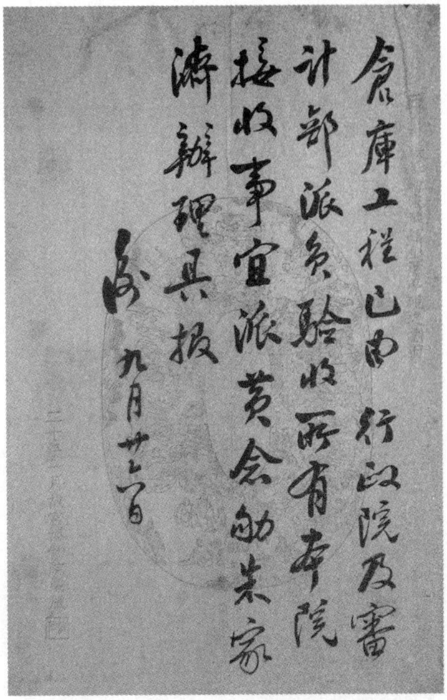

倉庫工程已由行政院及審計部派員驗收所有本院接收事宜派黃念劬朱家濟辦理具報

衡　九月廿二日

1936 年南京朝天宫仓库落成，故宫院长马衡致函派黄念劬、朱家济办理仓库工程验收

五

颠沛流离的珍宝

日本人对于华北、华东的侵略一直在做积极的准备，人们能清晰地听见其霍霍的磨刀声。

时局更加险恶，战云正向华北、华东地区逼进。1937 年 7 月 7 日，双眼血红的日本鬼子发动卢沟桥事变，悍然点燃了华北地区的战火。日本鬼子随之在华北展开了疯狂的侵略，攻城略地，杀人放火，华北大地在悲痛中呻吟。

8 月 4 日，八朝古都的北平陷落。8 月 13 日，日军登陆上海。

沦陷之初的北平故宫博物院，曾向南京国民政府行政院汇报当时的情况，请示如何应对时局。1937 年 11 月，行政院寄来训示，要求故宫留守北平的人员“于可能的范围内，尽力维持”。按照日伪的规定，北平各大机关、单位，都要派日本人充当“顾问”，故宫博物院坚决拒绝日本“顾问”进入故宫。日伪垂涎故宫，想任命一名故宫博物院院长。故宫博物院也积极抵制，拖了很久，到 1942

年 6 月才由伪华北政务委员会任命祝书元为代理院长。

日伪统治时期，故宫所藏的文物和宫殿建筑基本上没有遭受损失，只有部分宫内的铜铁缸被“征用”。日伪军警先是多数闯入太庙图书馆，先后劫走图书杂志 3000 余册，焚毁图书杂志 8000 余册；到 1942 年，日伪开始在北平征缴铜铁器物，故宫内的铜铁缸就成了他们垂涎的目标。

迫于压力，日伪政权迟迟不敢动手，直到 1944 至 1945 年，日伪丧心病狂，才两次派军警强迫故宫提供铜铁缸 54 个，铜灯亭 91、

日本人劫掠铜缸

日本人劫掠铜缸

铜炮 4 门——直至今日，故宫宫院内有些只有石座没有铜铁缸的地方就是当年浩劫的所在。

面对险恶的时局，故宫博物院毅然决定：宫廷珍宝文物，向后方疏散。

国民政府也不谋而合，下令所有南迁文物珍品，全部向后方疏散。

南迁宫廷珍宝从此踏上了一条颠沛流离之路。事实上，从离开紫禁城那一刻起，南迁文物精品便踏上了一条充满荆棘的艰难之路。

文物精品分三批向后方疏散。

从北平南迁时，战火还没有在华北、华东、华中地区点燃，火车在中原腹地行驶还是较为安全。但这一次却不同了，日本鬼子已将战火在中原大地上全面点燃，他们仗着空中优势随时深入中原腹地轰炸，南京、武汉等长江重镇均处于危险之中。在这种情形下，文物向后方转移，必须悄悄的，做些伪装，并分散转移。

由湖南转运贵州

第一批是参加伦敦中国艺术国际展览会的 80 箱文物精品，包括参展的文物和未参展的以及在南京保留未送去的文物，80 个大铁皮箱，装得满满的。故宫博物院呈请政府先转移这批精品，行政院也认为很有必要，立即同意。

1937 年 8 月 14 日，即日本鬼子在上海登陆的第二天，第一批文物悄悄由南京装上专用舱船，溯长江而上，在汉口换装舢板，摆渡到长江对岸的武昌，然后改乘火车，由武昌运到湖南长沙岳麓山，存入湖南大学图书馆。

按最初的计划，在湖南大学的后山中，挖一条很深的山洞，长久收藏这批珍贵文物。然而，局势日甚一日地恶化，战火由上海到南京到武汉到长沙，越燃越近，连长沙火车站都被轰炸。因此，这第一批文物，看来在长沙也绝非久留之地，只好决定再次转移，迅速转移。

果然不出所料，没过多久，日寇的飞机一次次飞临长沙上空，炸弹像雨点一般地投向重要目标，一座座房屋倒塌了，一片火海，到处是尸体。

湖南大学图书馆被完全炸毁，熊熊大火之后，一片灰烬之中隐约可见破碎的瓦砾、书籍和残垣断壁。

湖南大学后山本拟挖掘山洞的地方聚集了成千上万避难的人群。日本鬼子也把这里视为重点目标，机关枪反复扫射，雨点般的子弹夺去了无数人的生命。

不幸中的万幸是，第一批文物精品已先几天转移，离开了湖南大学图书馆。

押运第一批文物的故宫人真是功臣，他们是庄尚严、曾湛瑶、那志良，另有曾济时先生一路打前站，先行一步安排和布置。庄尚严先生是伦敦中国艺展的中文秘书，一直负责这批参展文物。这次押运首批文物，第一批向后方转移，庄尚严先生深感责任重大；同时，顾念妻子的庄先生带着家眷同行，原打算就停驻于长沙。长沙火车站一炸，庄先生明白，这里不能久留，政府方面也认为文物必须立即转移。

那志良先生回忆这批文物向后方转移的情景时这样描述：

在汉口，由轮船卸到趸船，再把趸船驳过江口。在武昌去换火车，已是费了不少事，到长沙时，火车停在车站上，达两天两夜，才接洽好船只车辆，接运过江，运到湖南大学。运输时，曾湛瑶先生在车站，我在码头，庄先生在湖南大学，三个人各在一处，联络不便，八十箱东西，运了一天，才告结束。

文物运到长沙，暂时告一段落，我与曾湛瑶先生便回到南京，留庄先生与曾济时先生保管这一批箱件。我们回到南京时，南京库房已经作为教育部与本院的空袭避难所。那时，一有警报，教育部的职员们便跑在这里来避难，南京分院反倒热闹起来。

不久，马院长想把我调到长沙去，他也想到长沙视察一次，我们便一同去长沙。在长沙，马院长计划在湖南大学背后爱晚亭附近，开凿一个山洞，贮存这八十箱文物，在洞外盖小房三间，一间做办公室，一间给我住，一间给一位工友住。当天晚间，马院长接到电报，行政院决定文物紧急疏散，他匆忙地赶回南京。第三天，我又接电报，叫我赶回汉口，办理接运文物工作。我便离开长沙，以后调到西北去，暂时与这批文物脱离了关系。

在爱晚亭附近开山洞的计划并未实施，长沙已经有了空袭警报。有一次，长沙火车站附近竟遭轰炸。政府认为，长沙也不是十分安全的地方，文物有再向后方移运的必要，决定迁往贵阳。就在二十六年（1937 年）十月间起运了。文物离开长沙不久，大约不到一个月的时间，长沙被轰炸，湖南大学图书馆也被炸平了。又过了不久，长沙再度被轰炸时，爱晚亭附近因为避难的人很多，被敌机低飞扫射，这里死了许多人。为文物的安全想，这真是一件很大的幸事，否则，这一批文物精华，必将完全损失。

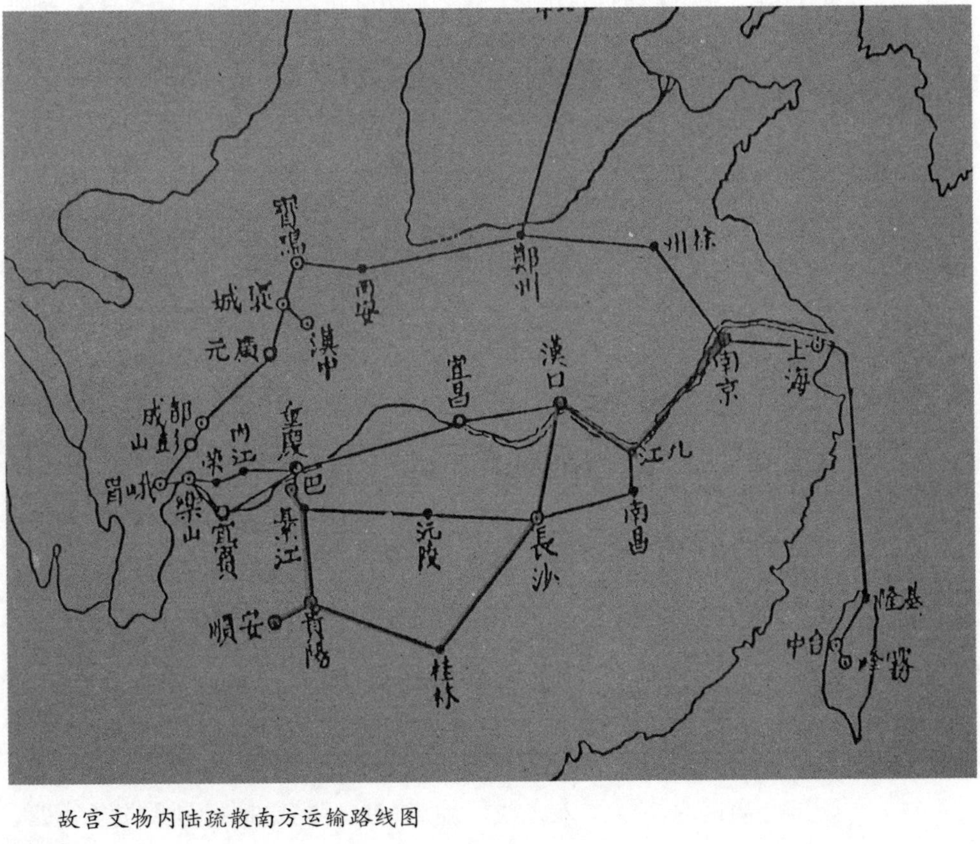

故宫文物内陆疏散南方运输路线图

从湖南长沙到贵州贵阳，是从平原间杂丘陵的地方进入云贵高原，一路上山势日渐陡峭，地形越发复杂，最关键的是，这一带各色人等杂居，土匪经常出没山中，危机四伏。行政院也认识到湘西一带地方不靖，恐怕途中发生什么意外，再三指示：必须绕道广西桂林，由桂林到贵阳。

当时，广西的情形也十分复杂。统掌广西军政大权的军阀并不与国民政府合作，虽然表面上敷衍，但实则同床异梦，一直做自己的打算，国民政府对此也不得不有所准备。好在是一个军阀，割据一方，不像一股土匪打劫以后无处可找，军阀也不敢做得太过分。为安全起见，国民政府决定分三段由湖南进入贵阳。

第一段是由长沙到广西边境，湖南省公路局派车 10 辆装运这批文物，10 辆车有 9 辆是南京市的公共汽车被疏散到后方来的，1 辆是邮政局的卡车，湖南省保安队派保安警察全副武装一路随车押运。第二段是到达广西边境以后，广西公路局派卡车接运，在边境上就地换装汽车，由广西宪兵随车保卫。第三段是到达贵州边境后，由贵州公路局派车转运，中央宪兵随车押送。

第一批文物历尽千辛万苦到达贵阳。因为时间太匆忙，向后方疏散事先又没有一个确定的目标，都是临时性的一步步后迁，所以，贵阳这偌大一个省级首府，竟找不到一个合适的地方收存这些国宝。事前来不及派人先找好地点，只好将电报打到委员长行营，行营主任吴鼎昌很热心此事，答应协助解决。

这批文物到达贵阳时，正值新年元旦，大家正愁找不到仓库收存。委员长行营主任吴鼎昌派人前来，让将所有文物暂时存放于行营内军司令部，大家都松了一口气。吴鼎昌随之派卫士协同寻找合适的贮藏地点。合适地点其实有好几处，但都在贵阳城外，而行政院再三指令，必须存放在贵阳城内，再好再合适的地点也只好作罢。最后，在贵阳城六广门内找到一个僻静的花园，故宫博物院特地在此设立办事处，并秘密地贮存这批珍贵的国宝。

第一批文物存放到贵阳还不到一年，中日之间的战局发生了变化，日本鬼子的魔掌正伸向中国腹地，贵阳也被战争的阴云笼罩。有了长沙的经验，故宫博物院理事会的理事们又开始忧虑文物的安全：一旦贵阳被敌机轰炸，怎么办？万一有警呢？安全没有保障。理事们认为，必须寻找一处天然的又厚又深的山洞，或者干脆让工兵挖掘，把这批文物存放在山洞中，让全副武装的军警昼夜看守，才可放心，才能安然而卧。

1938 年冬天，经过多方寻找，终于在贵州安顺距贵阳约 200 余里的一座山中发现了一座天然山洞，人称华严洞。山洞很秀雅，洞深壁厚，位于安顺县南门外的读书山山麓，最为可喜的是山洞奇大。大家喜出望外，立即组织工匠在山洞里建房，辟为文物珍宝库房。这里不但安全，任何炸弹都无可奈何，而且还避免了文物最恐

1947 年故宫驻安顺办事处运箱车

怖的潮湿，这里真是这批颠沛流离的国宝在这非常时期的理想寄身之所。

1938 年 11 月，第一批文物 80 箱国宝全部迁进这华严洞中。在这里，正式成立了故宫博物院安顺办事处。故宫博物院随后又派朱家济、李光第、郑世文等人到这里工作，看护这批国宝。

由汉口转运四川

马衡院长接到急电后，从长沙迅速赶回南京，马上接洽其余文物向后方疏散事宜，搜罗船只。

第二批文物精品，共计 2084 箱，从南京装上船，逆长江而上，运到武汉汉口，先暂时存放在租界的仓库里。马衡院长也另坐火车亲临汉口，具体视察和料理存放第二批文物事宜。

故宫博物院南京分院地下仓库中，还存放有 17000 余箱南迁文物。

进入 1937 年 8 月以后，上海的战局日趋恶化，日本鬼子不断增兵，渐渐占据了优势。11 月 12 日，经过数月的浴血奋战，国民军损失惨重，上海最终陷落，成千上万的难民蜂涌地逃往南京。

南京成了一座难民城。

南京市当局为了缓解难民压力，尽可能将空旷的区域划作难民区。朝天宫存放国宝的地方也不能幸免成了一座难民营。

难民填满了街巷和道路，通行十分困难。

经第三国机构与日交涉，希望日军不要攻击南京朝天宫难民区，但日军不置可否，不予答复。

形势十分危急，要指望睁着一双血红眼睛的恶狼发一点慈悲那简直是痴人说梦。他们连你一座座城市都攻陷了，连你首都都想攻占了，还会放过一个所谓的难民区？

无论如何，一定要将全部存放在南京的全部文物迁出，越快越好。

国民政府的实权人物杭立武先生当时正留守南京，筹措救济难民事宜，他听说故宫大批文物尚留在南京无法运出，便立即出面想办法解决，自告奋勇地奔走忙碌，尽可能地安排得细致周到。国防最高委员会秘书长张群、中英文教育基金会董事长朱家骅、南京市市长马超俊等也都积极关心此事，想尽办法解决交通工具，确保遗存文物全部安全地向后方疏散。

故宫博物院留在南京的职员也都积极行动起来，装箱、装车、装船、运输，一刻不离地护卫着这批国宝。到了汉口以后，故宫博物院又将吴玉璋、牛德明、李光第三人派回南京，协助将留京文物全部迁出。为了争取时间，尽快实现全部文物的转移，决定采取水陆并进向后方转移。

军用车辆和能搜罗到的车辆聚集在朝天宫，秘密地将文物装上车，军警一级戒严，为车辆行驶打开一条通道。

11 月 20 日，国民政府宣布迁都重庆。

存留南京的所有文物，开始运输，向后方疏散。

水路方面是用轮船运载文物，以汉口为目的地。陆路方面是以车辆为运送工具，以陕西为目的地。

警报一日数次，人心惶惶。

水路方面很快抢运了共 9000 余箱文物，分装两只大船，分别由牛德明、李光第各押一船溯江而行，驶往汉口。

1937年11月20日启航溯流而上，历时近20天，到1937年12月8日，到达汉口。到达汉口以后，清点文物，共有9369箱，而绝大多数是非故宫的文物，就是说故宫博物院的宫廷文物只占一小半：故宫文物4055箱，其他机构的文物是5314箱。故宫文物包括：古物馆687箱、图书馆1158箱、文献馆1082箱、秘书处1128箱。其他机构文物包括：古物陈列所4732箱、颐和园52箱等。

这批水路文物9369箱到达汉口后，全部存放于洋行仓库之中。

1937年12月1日，日军大本营指令攻占南京。12月初，日军逼近南京。12月8日，故宫存放南京的最后一批文物离开南京，乘船溯长江而上——中国船只已无法租到，只好租用两艘英国船只，当船长命令启航时，意外发生了，船员们大声抗议，说轮船载着中国政府的货物，会受到日军飞机的轰炸。相持了很久，最后船长强行命令出航。

5天后，12月13日，日本鬼子侵入南京，开始了灭绝人性的大屠杀，30万手无寸铁的中国人惨死在日本鬼子的屠刀下。这血腥的一幕，中国人世世代代不会忘记，也永远不该忘记。

首都南京陷落以后，日军的兽行暴露于天下。武汉成为日军向内地推进的重点目标，汉口又首当其冲，肯定会成为日军轰炸的重要目标，存放在汉口的文物，自然必须立即再向后方转移。

1938年1月，政府决定将存放于汉口的文物精品全部西迁四川重庆。3 月份，借着初春的温和气息，这批文物从汉口顺利地运往宜昌。准备等待梅雨季节的到来，江河上汛期涨水，大船才能航行。宜昌很快等到了雨季，河水猛涨，轮船溯水西行，很快，这一部分文物精品全部运到四川重庆。到秋天，运输工作基本上告一段落，大家松了一口气，马衡院长和总办事处的故宫职员们也一起到了重庆。

1939 年春天，马衡院长想了解陆路运往陕西的这批文物的情形。这批文物此时正由汉中向四川成都转运，马院长就和理事李济一同前往成都，打算沿运输线到汉中看看转运的情形。那志良先生正负责陕西这批文物的转运工作，他陪同马衡院长、李济理事从成都出发前往汉中。他们先雇用了一辆小汽车，开到梓潼后，小汽车司机觉得公路路况太恶劣，车轮在高低不平的路上颠簸得几乎把人弄散了架，还时不时陷入泥坑之中费了好大的劲才能爬出来，司机不想再开了，说就这样开到终点，再也回不来了，车肯定散了架。这样，马院长一行人只好改坐运送文物回程的大卡车继续向北行进。

马院长一行坐车到了广元，突然遭遇瓢泼大雨，前方的公路被洪水冲得一塌糊涂，多处坍方，车辆无法通过。最糟糕的是，后面的小桥也被汹涌的洪水冲塌了。无法前进，后退无路可行，万般无奈，只好打长途电话到汉中求救，让他们派一辆空的大卡车到广元路面塌方处的北侧，众人乘滑竿越过塌方处到指定的地点候车。这么艰难的一折腾，众人一身泥水，满脸脏污，坐上驶来的空卡车这才到达汉中。

第二天，稍稍缓过神来，却又得到一个不幸的消息：重庆被敌机狂轰滥炸，许多房屋倒塌了，死伤无数。众人的心，又都悬起来了，非常焦急，担心文物的安全。他们赶忙装上了三卡车文物，马院长、李理事、那志良各押运一辆，昼夜兼程赶回成都。公路好在已经修好，可以通车，走了三天三夜，终于赶到成都，运往成都的文物完好无损，他们这才松了一口气。

马院长稍事休息，随即和李济赶回重庆。一到重庆，马院长就接到了行政院的命令，限 20 天之内，5 月 23 日以前，将存渝所有文物全部运离重庆 40 里以外，觅合适之地贮存，运到成都的所有文物也限在 5 月底之前全部运离成都选合适地方保存。

马院长接到行政院的命令后，立即布置。他携几位同仁沿途往西部各县寻找合适的贮藏地点。经过几天几夜的奔波，马院长做出如下决定：所有存渝文物，全部疏散到乐山，在乐山安谷乡找到了七个祠堂屋宇用作库房，派科长欧阳道达筹备一切工作；从重庆到乐山，路途遥远，所有文物的转运工作，无法在 5 月 23 日前完全完成，利用宜宾作为一个中转站，先把所有文物全部运至重庆 40 里以外的宜宾，正好完成行政院的命令，留科员刘官谔全权负责这

1939 年故宫四川峨眉办事处仓库

里的一切工作；存蓉的所有文物，全部迁运峨眉山，由那志良负责那里的工作，务必在行政院要求的 5 月底以前完成，那志良为驻蓉办事处主任，科员牛德明协助工作。

马院长安排好转运工作以后，立即与中国联运社接洽、订约，落实具体的运输事宜，确保所有存放重庆、成都的文物在 5 月底以前能全部安全有序地运到指定地点。

按照马院长的安排，存放在重庆的所有文物全部在 5 月 23 日之前运离了重庆，如期运到了宜宾。这一繁重的运输工作大多由中国联运社完成，故宫博物院的职工也都付出了艰辛的劳动。然而，正因为太尽心尽力了，文物安全无恙，却发生了一起人命惨事——故宫博物院职工朱学侃，办事历来兢兢业业，一丝不苟，他为了确保装船文物的安全，在昏暗无光的夜晚，爬上船舱一一检查，不意舱中没有盖上铁盖，一失足摔下船舱，伤重身亡。故宫博物院同仁在庆幸文物的安全无恙时，永远也不会忘记这些为国宝付出了艰辛、心血甚至生命的同仁。

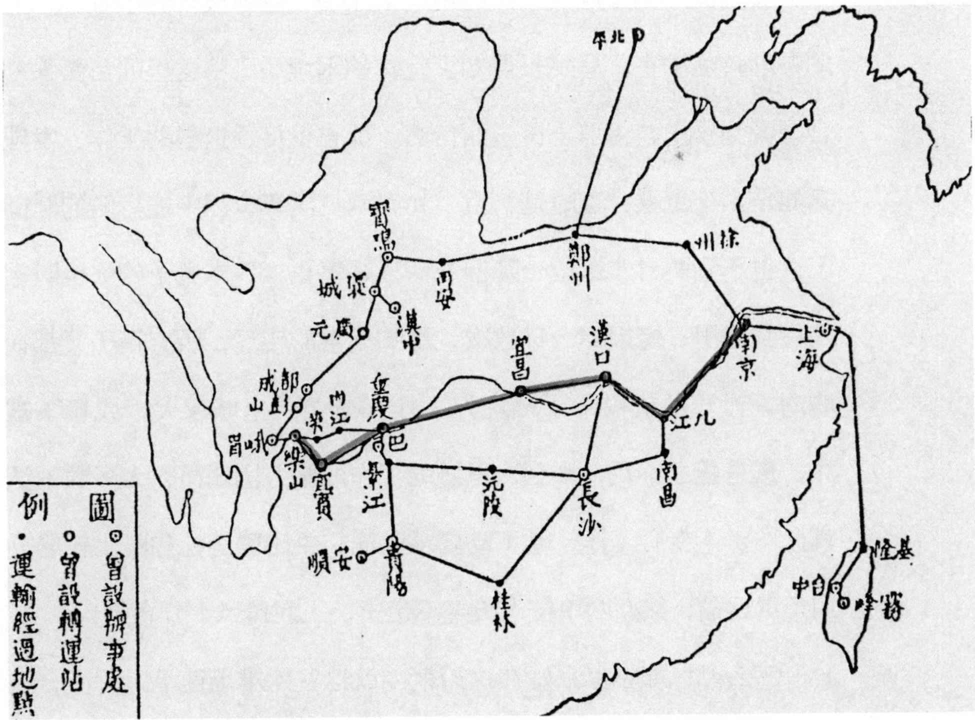

故宫文物内陆疏散中路运输路线图

从重庆到乐山，主要是用轮船运输。重庆到宜宾这一段，中国联运社表现出了良好的敬业精神，工作是第一流的。然而，从宜宾到乐山这一段，情况发生了突变，中国联运社仿佛换了一班人马，工作情形完全变了，拖拖拉拉，自由散漫，令人担忧。

宜宾到乐山，轮船的运输，水位是至关重要的，它就是生命线。而 4 月到 8 月，是最佳的运输时期，到了 9 月水位下落，轮船基本就无法行驶了。可是，中国联运社，从 5 月至 7 月 9 日，仅仅才装运出一船文物至乐山！故宫博物院方面真是心急如焚。

那志良办完了陕西方面的转运工作后，立即被派到了宜宾，协助办理转运事宜。马院长得知了宜宾的困境后，将这里的负责人刘官谔调到乐山，由那志良全面负责。那志良接手这里的工作，发现真的是困难重重：这时是 7 月中旬，满打满算，江中能行船的时间怎么也不到两月，水位一降便一切只好停止；日本鬼子的飞机时常飞临到这里，警报声一日数次，影响正常的转运，所有箱子又都在城内，万一敌机投下了燃烧弹、炸弹之类，全城起火，或箱子被炸，真是救之不及；派到这里协助工作的服务团团员，大多数不认真合作，不专心工作，动不动要求回渝；中国联运社和民生轮船公司负责运输，然而两单位人员毫不负责，工作作风十分恶劣！

怎么办？那志良只好在这短期内就这些困难迅速予以解决，这之中，最难的一点就是中国联运社和民生轮船公司，这个难点一旦突破便有希望能尽快安全地完成转运工作。

那志良诚恳地邀请中国联运社、民生轮船公司负责人一道坐谈，三方充分发表自己的意见，本着对国宝负责的精神，共同协商一个可行的办法。所有的误解一一“消除”，三方“真诚的合作”又一次开始。民生轮船公司方面答应：在 8 月 30 日以前完全运清所有的存放文物，安全运抵乐山。那志良不敢松懈，当即议定了装运时间表的协议书，一式四份，由三方负责人签字画押盖章，并加盖三个办事处的印章。协议书具有法律作用，对装运、转运公司具有很强的约束力，一旦不能完成，将要承担巨大的责任。

协议书签订之前，只装运了几船文物，数量少得可怜。可协议书之后，他们依旧故我，根本不把责任当回事，那志良这才明白与之打交道的是些说话不算数的小人。这个时候，服务团的团员们又吵闹着要回重庆，不想干了。那志良想，有军警一路警戒，每船有一个职员押送就够了，不需要这些不干工作白吃饭的团员们。那志良便答应了他们的要求，请他们回重庆。

8 月 30 日，协议书规定的最后期限到了，中国联运社和民生轮船公司没有很好地履行协议，终致许多文物没有运出，滞留在城内。那志良愤恨交加，也忍无可忍，便断然采取了一项严厉措施：郑重通知中国联运社并转告民生轮船公司，凡是该公司的所有船只，开到宜宾的全部将派兵封船扣留，用于装运文物，因为这些文物都是一级国宝，如果运不出去，万一被烧被炸被毁，都将是无法估量的损失，谁也无法负其责任。两公司逾期不能完成已经签字的协议书所规定的任务，先已理亏，还能做何表示？民生轮船公司得此消息后，立即就乱了阵脚，惊慌起来：这一大堆运输活儿怎么办？

民生轮船公司惶恐地找到中国联运社负责人和那志良交涉，商议一个办法，最后协议的决定是：凡有三艘船的公司，两艘装文物，一艘用于疏散旅客。这样，从 9 月 1 日起，几乎每天都有文物装船运输，有时一天好几船。经过十余天的紧张抢运，终于在 9 月 15 日将所有存放在宜宾的国宝全部运抵乐山。两天后，河水开始下落，很快轮船便无法通行了。喜出望外的那志良立即给马衡院长发了一封电报，告知从宜宾到乐山的文物转运工作全部完成。

那志良先生发完电报后，如释重负。宜宾的工作完成了，文物全部离开了这里，那志良先生就乘坐最后一班装运文物的船只离开宜宾。一路上，看着汹涌的河水咆哮东去，那志良感到浑身轻松。一到乐山，那志良就接到了马衡院长的回电，老院长的焦虑、忧烦和完成后的喜悦、激动，渗透在字里行间，沉重的责任感一直如一座大山般的压在马院长心上，此时稍喘口气，稍释重负。电文中马院长这样说：

自泸州被炸，忧心如焚，数夜不眠。得来电，知兄大功告成。

急嘱厨房备酒，痛饮数杯。

轮船将文物运到乐山，再从乐山运到库房所在地的安谷乡。从乐山到安谷乡既可走陆路，也可以走水路，陆路要方便、快捷得多。然而，陆路虽然近多了，却很窄小，下雨以后道路泥泞，小道崎岖，行车十分不便。陆路不行，就只好改行水路。先在乐山将国宝箱件一一装上木船，再划木船蜿蜒慢行，两边由纤夫用缆绳拉船，逆水而行，直抵安谷乡。

从乐山到安谷乡，溯水而行，十分吃力和费力；河道又狭窄，河岸松软，或碎石凌厉，行船甚是艰难。有一次，拉船的纤夫行进在一处险恶的河段，突然纤绳绷断了。水流非常湍急，缆绳绷断后船体失去平衡。掌舵的船工控制不了船体，船只一下子就失控。装满国宝箱件、押运员、军警和船工的船只，立时顺流而下，向下流急速冲去。形势十分危急，如果顺流冲向府河与岷江交汇处的乐山大佛前，肯定会导致船毁人亡，珍贵的文物精品必定葬身于大佛脚下。每年，大佛目睹了无数次葬身脚下的悲剧。船上的人心急如焚，大喊着救命。

船只一路狂奔着冲向下游，在一个急转弯的地方，有如神助一般地轻轻冲上了沙滩，稳稳地搁浅在那里。一切那么突然，惊魂未定的众人难以相信，都呆呆地你看看我，我看看你，不知道身在何处，是在阳世还是在阴间？众人揉揉眼睛，揪一下自己的胳膊，有些疼，说明还活在人世。回过神来以后，众人发现，所有的人都毫发未损，连这样急速冲下河滩的船体也是安然无恙。一身冷汗的众人真的相信有神相助，不然的话，如何解释本来是船毁人亡的事最后却秋毫无损？国宝也都安安全全，不少一件，不缺一角，完好如初？众人跪下，一齐念佛，为自己庆幸，也为国宝庆幸。

1939年9月19日，这批文物，共9369箱，一件不少地全部安全地运抵乐山安谷乡，存放于七个祠堂中。从南京到安谷乡，历时近两年，行程约5000里。

文物运到了，大家松了一口气。休息休息，翻翻报纸，发现了1939年5月3日、4日两天重庆被炸的纪实报道，3991人死亡，2323人受伤，大量的房屋被炸毁和烧毁。众人对日本鬼子恨之入骨，一个个咬牙切齿，同时，众人又庆幸没有辜负人们的重托，这近万箱国宝全部安全地离开了重庆，离开了城市，转运到偏僻的山洞，真是万幸。

由陕西转运四川

第三批向后方疏散的文物是由陆路经陕西转运四川的一批，这一批一路上充满了艰辛和磨难，是最为艰苦的一条转运线。

南京抢运时，陆路方面是通过火车装运的。当时，从朝天宫库房运出时，通过装船走水路的是一些较轻的木箱，尽可能将轻的、

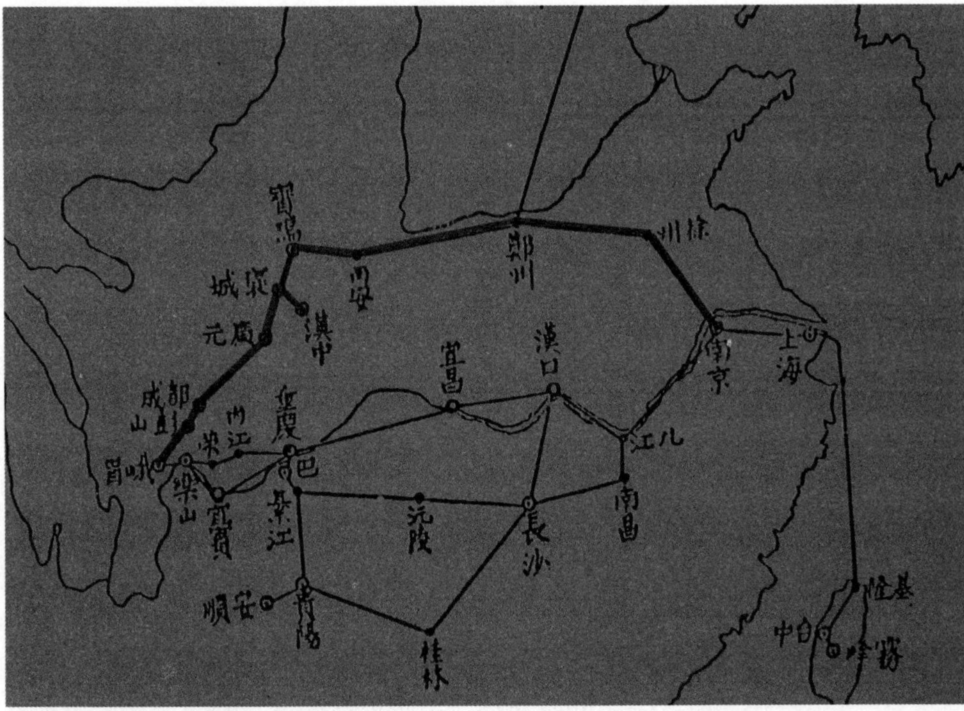

故宫文物内陆疏散北路运输路线图

小的、少的走水路，而一些大的、笨重的则走陆路，尽可能地往火车站送，这其中就包括从国子监南迁来的石鼓，一个就有一吨以上。

当初在南京抢运时，工作十分艰辛，人手奇缺。故宫博物院留在南京的职员很少，中英文教育基金董事会派来协助工作的也只三四人，所幸的是故宫博物院印刷厂的工人有几位自动要求留下来照看文物，协助搬运工作，这样，他们就承担了从朝天宫库房到火车站、码头的文物搬运过程中的押运工作，真的帮助不小。

那志良先生这样记述当时的情形：

> 南京在紧急的时候，无论车辆，无论人工，事事感到困难。而且，不时有警报发出。在车站装车的人，把车皮下面当他们的防空壕，警报一发，便伏在车下躲避，警报解除，又由车皮下爬出来工作。工作时间，不分昼夜，有时几小时不来一部车辆。刚刚在车皮里垫些草躺下，打算睡一个觉，一听工人喊叫'车子来了'，便马上爬起，卸汽车，装火车。这样工作了将近二十天。

第三批陆上运输的目的地是陕西宝鸡。宝鸡位于陕西省古都长安（今西安）市西部约300里，地理位置十分重要，一直是历史上兵家必争之地：它的北、西、南三面环山，高山险峻，易守难攻，它又是通往甘肃、四川的交通要冲。

这次的陆路运输工具主要是货运列车。确定的线路是从南京北上到徐州，再在徐州转而向西过开封、长安到宝鸡。

第一列火车很快便装好了，可是，谁任押运员？当时的职员少得可怜，从库房到车站的押运尚且不足，何况这辆北去的火车？怎么办？临时请马衡院长的儿子马颜祥押运。马颜祥很痛快地答应了，随即上车，将这第一列火车押往西北。每列火车当然都有军警。

第二列火车的装运较为顺利，由总务处的一位科员王志鸿先生负责押运，第三列火车由吴玉璋先生押运。从 1937 年 11 月 20 日开始抢运，到 12 月 8 日第三批文物运出，历时不到三个星期，运出文物木箱 7286 个，包括文献馆的大箱文献和国子监的石鼓——石鼓是唐代在陕西省发现的石刻，其形态如鼓形，故称石鼓，考据其刻字，被认为是秦始皇时期为其称颂功德所刻的军碑。石鼓虽很沉，但却十分珍贵。

这第三批文物从南京出发，乘火车沿津浦线往北进发，直抵徐州，一路上还算顺利，没有遭遇意外，也没有敌机轰炸。从徐州改乘陇海线后向西行进。陇海线徐州至开封的这一段，当时已被日军侵扰，是日机空中控制的范围。在最后一批文物于 12 月 8 日离开南京后仅仅 5 天，12 月 13 日，日军便耀武扬威地攻占了国民政府首都南京。日军气焰更加嚣张。从徐州转乘陇海线后的文物珍宝列车，面临着空前的严峻考验。

国宝专列一进入徐州站，众人开始有些紧张。果然，火车刚刚补充水，加足煤炭，10 架日军飞架就明目张胆地朝徐州飞来，直扑徐州火车站，那架势真是大摇大摆，横行霸道，无所顾忌。经过伪装的国宝专列急速从火车站开出，没过多久，敌机轰炸了火车站，巨大的爆炸声震耳欲聋，车站化作一片火海。押车的故宫员工听着这巨大的爆炸声和噼噼啪啪的燃烧声，吓出一身冷汗，心想，真是分秒之差啊！

国宝专列沿陇海线西行，一路上没再遇到敌机追杀，但一进入郑州火车站，又一次遭遇空袭。这次真的又是神佑，国宝专列当时进站后停在车站，专列司机离开了火车驾驶室，空袭突然而至，仿佛是刚响完空袭警报日本鬼子的机群便同时飞临到了郑州上空，在火车站投下了大量炸弹，车站周围顿时一片火海。当司机慌慌张张赶回国宝专列时，被眼前的景象惊呆了：火车站停靠的所有列车几乎都被炸弹击中，正燃起熊熊大火，唯独这个国宝专列，没有一丝火星，没冒一缕黑烟，静静地躺在那里，安然无恙。军警和职员们立即动手，刻不容缓地移动专列，让它马上离开火海。

马衡院长在汉口得知这第三批文物的转运路线和运输情况，认为在陕西必须有人协助转运，须加强力量，就派梁廷炜、曾湛瑶二人立即赶赴西安。梁、曾二人马上动身。马院长又想到，陕西沿线，不像沿江各大商埠随时都有货栈仓库可以租用，而是地偏人稀，很难找到合适的库房，必须派专人先行寻找贮存地点。这样，马院长想到就做到，一方面致电委员长西安行营主任蒋鼎文先生，请他协助派人，一方面派故宫博物院精明能干的那志良先生前往陕西主持工作。

那志良先生接到指令后，立即拜会行政院等各大部院元老，拿了于右任院长的介绍信，马不停蹄地前往西北，直奔武汉大学，洽谈文物贮藏事宜。那志良到达西安，先去委员长西安行营交涉，得知第一批文物走陆路已经运到陕西，并在宝鸡已经找到了合适的贮藏地关帝庙和城隍庙。那志良松了一口气，悬着的心也放下了，而且被明白告知不必去武汉大学去洽谈贮存事宜。

到达西安的第二天，那志良先生马上赶到宝鸡。宝鸡不愧是交通要冲，地势很险要，确实是一块宝地。其关帝庙原本是一个军火仓库，好在里面存放的军火不多，可以清理出来，腾出这里作为国宝库房。城隍庙是公路局的工程处所在地，关帝庙、城隍庙，一个是军火库，一个是管工程的，在抗战的非常时期，都是须臾不可或缺的，都十分重要。如果没有委员长西安行营的出面交涉，是无法让两个重要部门迁出这关帝庙和城隍庙的，交涉很顺利。

关帝庙和城隍庙成了国宝仓库。但是，宝鸡这一带，为适应战时的需要，已经变成了军事基地，很有可能成为日机空袭的目标，这对于辗转中的国宝来说，是最忌讳的，于是，计划在隐蔽的深山中挖掘一条山洞。

陕西这一大片，是黄土高原的土壤，每年的季风从西伯利亚和北部荒漠挟裹着大量尘沙洒落到这里，使这里成为很厚的土质细腻的黄土高原。在这里生活的人们就依靠这厚实的黄土过日子，他们常从山侧挖掘窑洞，居住在洞里，冬暖夏凉，很是方便。

出于国宝安全的考虑，挖掘山洞立即付诸实施。在这厚实的黄土高原挖洞，对于部队来说，如同儿戏。由于有军人的参与，4 个很深的山洞很快就挖好了。

军事要地的宝鸡，不宜久留。果然，在这里停留了仅两个月，1938 年 2 月，行政院的命令就下达了，立即转移到更为内地的汉中，那里更安全。汉中与四川相邻，北部是雄浑的秦岭山脉，南部是大巴山脉兜一圈而围成的盆地。在历史上，这里是连接两河（黄河、长江）和直通陕西、四川的交通要道，人称蜀之栈道。这样的地方，从春秋战国以来，一直是兵家必争之地。

从宝鸡到汉中，山道崎岖，路途险恶，蜀道之难难于上青天，这里是第一段。这一段险峻的山路，无法通火车。山路起伏绵延约 600 里，只能靠卡车翻山越岭。像这样的路段转运国宝，其艰难可想而知，更何况，这些国宝都是又沉又重的箱件，每箱一吨以上的石鼓就有不少。

一辆结实的卡车，只能装国宝 20 余箱。这批 7286 箱文物，要装上 300 多辆卡车才能装完。军队方面接到密令，全力以赴地帮助转运国宝。军方调集了所有的卡车，从 1938 年 2 月 22 日到 4 月 10 日，历时 48 天，分 28 次将这批国宝转运完成。据说，最多的时候是一次 23 辆卡车，最少时是 4 辆，通常是 10 辆左右，马不停蹄地转运。600 里的长途跋涉，一个个都累变了形。

3 月 3 日，第六队卡车从宝鸡出发，共 16 辆车，装满了一箱箱文物珍宝。车队正行进在泥泞而松软的山路中，突然，轰隆隆的一阵巨响，呼啦啦的如山崩地陷，众人还没回过神来，发现前前后后是一大堆雪，原来发生了雪崩。所幸只是困在雪堆之间，没有埋在雪堆里，国宝又躲过了一场大劫。

押运人员费了好大的劲才突围穿过雪堆，艰难地找到附近一处村落，请村民给点食物充饥，因为好几天都没进一点食物了！可是这里的村民很刁，贪求财物，要很多的钱才肯给食物。突出雪堆的人员想尽了办法才跟宝鸡方面联系上，请求立即派出救援队，可是，因为太危险，没有人志愿参加救援。没有办法，只好给村民高额的报酬，村民才肯组建救援队前去救援。第六队 16 辆卡车经历了千辛万苦才抵达汉中，所幸没有任何损毁，完好如初，真是神佑国宝啊!

在这场雪崩险境中，有些人经受住了人性的考验，在生与死的关头，有人能为国宝，将生死置之度外。

那志良先生这样记述这段经历：

宝鸡到汉中，没有火车可通，须汽车载运，每车仅可装二十余箱，全部箱件，便需三百多辆汽车，本是很困难的事，幸而那时候陕甘军公商车统由西安行营统制管理，把运输文物工作也列在军运之内，他们派一位副官杨崇耀先生在宝鸡协助，一位副官贾屏九先生在汉中协助，这问题便简单多了。

二十七年（1938 年）二月二十二日便开始装运，第一批由梁廷炜先生押运，便留在汉中办理收箱工作。开始以后，很是顺利，每隔一天，开车一批。最多时是二十一辆车（一说 23 辆），最少时也有八辆车（一说是 4 辆）。到三月三日开出的一批，便发生了问题。秦岭大雪，山路崩塌，无法前进，也无法后退。车停的地方，既无地居住，吃的东西更成问题。店家看到这许多人被困在此，面价随时上涨。

办事处得到这个消息，必须派人前往救济。吴玉璋先生自告奋勇，愿意跑这一趟，给他们送钱送食物去，可是汽车司机没有人敢去。因为雪后，山路极滑，有翻车的危险。经劝告之后，并出了大价钱，才有一位司机肯去。杨副官年轻力壮，也愿意去看看。

于是，开了一辆车，运去许多食物，由吴先生、杨副官押车前往。他们回来时告诉我，汽车轮胎上虽然挂了铁索链，在雪中行走，司机仍是把不住驾驶盘。坐在司机台上，只看到车头摇摆，车身颠簸，屡次滑出很远，不能控制。一路上，司机满头大汗。那时，他们两位先生已把生死置之度外，不知道什么时候车就会翻到山涧里去。

国宝到达宝鸡以后，陆路押运第二批文物的王志鸿先生就立即赶回了南京。那志良和马颜祥二人料理完这里的事宜后一同回到汉口，那志良准备返回长沙。那志良一到汉口，就得到消息，他已被正式派往陕西，负责陆路运输事宜。在汉口住了几天，那志良和吴玉璋、梁廷炜及工友黄贵生的眷属一齐奔赴宝鸡。随后，那志良和吴玉璋以及西安行营副官贾屏九奉命前往汉中寻找贮存文物之所。在汉中张笃伦专员的帮助下，将汉中城内的文庙拨作文物库房，而令占据文庙的民众教育馆迁出。

那志良一行察看了一番文庙，觉得贮藏这7000余箱文物，地方还是不够。张专员便又派人带那志良一行前往褒城县属的宗营镇，与这里相邻，在镇上又找到了三处合适地点：马家祠堂、范家祠堂和大庙。这样，那志良就把汉中的文物贮藏仓库选好了，只等国宝顺利运到。

3月12日，雪团堵塞的公路修好了。3月3日被雪崩阻挡的第6队16辆车也顺利地出发运往汉中，宝鸡方面又陆续装运了几批卡车。此时的汉中，天气变化无常，寒流一过，春寒料峭，泥泞的山道很光滑，车辆运行非常艰难。每一队到达汉中后，第一件事便是挂长途电话到宝鸡，报个平安，否则，那边职员的心会一直悬着。

4月10日，宝鸡最后一批文物装上卡车，开往汉中，一路上很顺利。

政府方面仍认为汉中不是安全之地，因而命令故宫博物院立即在四川成都寻觅合适的贮藏地点。马院长亲自到成都，与四川省政府主席王瓒绪接洽，得到了全力的帮助，找到了成都东门内大慈寺暂作国宝库房。

从汉中到成都，依旧是公路，由汽车运输，西安行营已鞭长莫及，全由四川省公路局和新绥汽车公司负责装运，这是当时四川公私营运方面最大的两家。抗战的非常时期，地域观念很浓，省与省之间、县与县之间的疆域界限很分明。新绥汽车公司的车是四川境内使用的，四川不会放它入陕西，陕西也不会允许它在陕西境内运营；而四川省公路局的车，得到了陕西省的许可，只允许到汉中装运文物。这样，商定分段运输：从汉中到宁羌一段由四川省公路局负责，从宁羌到成都由新绥汽车公司负责。

国宝在汉中仅待了约 40 余天，行政院的命令就下达了：汉中所有文物迁往四川成都。

1938 年 5 月 26 日，国宝抵达汉中约一个半月之后，国宝又一次装上汽车驶上了川陕段公路，开始了艰难的转运。第一批车辆从汉中出发，按照约定，四川省公路局的 5 辆车将这批文物运到宁羌，新绥公司的 5 辆车再接运至成都。

那志良先生随第一批车一路到了成都。马衡院长正在成都。那志良认为有两件事必须请示马院长马上解决：一是车辆分段运输隐

故宫文物过新店子河

藏着危险，多一次装卸车，费时费力费事也容易出差错，必须调整；二是从四川开回陕西的回程车也照样付给车费，太浪费。

那志良拜会马院长，院长马衡、副院长徐鸿宝一起和那志良一同商讨如何解决这两个问题。经过几天的接洽，终于解决了这两个问题：由交通部饬令公路局转饬陕西省公路局，所有运输文物的车辆准许开到汉中直接装运；所有由四川回陕西的回程车，由四川盐务局运锅巴盐到陕西以解决陕西的盐荒，同时也省了一半的文物运费。

从汉中到成都，山路蜿蜒崎岖，约 1200 里，中途要穿越 7 条河；河道上没有桥梁，只有日久天长形成的古老渡口。文物运到渡口时，只能将载运文物的汽车开上木船，再用人力将木船逆水向上流拉一段，再顺流而下，借水势靠拢到对岸。这一段路，也很艰难危险：装上车后一直是在不平的山路上颠簸，到了渡口，木船很小，汽车必须十分小心地开上木船，快了、慢了、歪了都不行，否则会开到河里；汽车上船以后，借水势飘到对岸更玄；而且，文物运输的车辆，是不允许单独行驶的，每一批车数辆、数十辆不等，每过一条河必须一鼓作气全部过完后才一同行驶。这样的耗时费力，都是必须的，不能投机取巧，每一批汽车，从汉中到成都，最少也须走 3 天，如果遇上刮风下雨，路上泥泞不堪，恐怕得走 10 天半月。

这段时间的转运艰难，那志良先生那时真是一声三叹：

抗战期间，汽车运输是非常困难的，这一次运输便感到有许多问题：

第一，四川公路局车辆很少，供应旅客已感困难，货车根本就少。订约时，虽答应供给十辆汽车，往返载运，实际上最多只拨过五辆，渐渐成为两辆，到后来就完全派不出车来。

第二，新绥公司本是西北惟一的大运输公司，总经理朱君是位大实业家，是新疆人，他担任由新疆到绥远的运输时自己修路自己搭桥，对西北运输贡献很大。可是到了四川以后，车

1938年，故宫文物则汉中至成都，河水宽阔，无桥，尝试用竹排载运装载故宫文物的卡车渡河

1938年，故宫文物则汉中至成都，河水宽阔，无桥，只能用木船载运装载故宫文物的汽车渡河

1938年故宫文物由汉中至成都，途经宝轮院，下雨，小溪无法通过，在此临时搭建浮桥

辆已然很少，只有二十几辆，一面担任文物运输，一面还要为省政府赶运棉籽。而且，这个公司管理不善，他们仍用薪津制，司机开车无论行驶里程若干所得薪津相同，司机到达一个终点便要修车，每修一次要费许多时日，车子开出走不了多少路便要歇宿，如遇阴雨，借口路滑更不愿走了。

第三，汽油供应缺乏，时常买不到汽油而停止工作。

第四，四川的公路，路基桥梁都不好，大雨之后，不是路基冲毁便是桥梁冲断，以致无法通车。

这一段运输，真是困难重重，于是，就向军事方面去打主意。有一天，我在汉中接到马院长的电报，叫我到广元去接洽军车代运的事。我到了广元，找到管理军车的人，这位先生非常客气，答应替我们代运，只要我们能运到广元，他们很快可以运清。可惜后来为了别的原因，没有能实行代运。

最后仍是用了军车，他们有的是公开收费的，协助办理的有下列五个机构：（1）重庆行营交通处，不收任何费用，曾装广元至成都车六辆；（2）天水行营交通处，收油费及司机津贴，向重庆本院总办事处结算，曾装运汉中至广元计四十七车；（3）川陕公路交通指挥部，收费与天水行营交通处同，共装由广元至成都车四十四辆；（4）后方勤务部，每车收费一百元，共装由汉中至成都车四十二辆；（5）军车管理所，代雇商车五辆，由汉中运至成都，每车价五百元。

历时将近一年的时间，存放在汉中的文物于 1939 年 3 月全部运抵成都。

这时，行政院特急命令又到了，限于 1939 年 5 月底以前，全部存放成都的文物运离成都，转送到更为内地的峨眉。

这个任务太艰巨了，恐怕很难完成：运输工具是由中国联运社提供的新车，不会太慢，运输速度上没有问题；但从成都到峨眉，弯弯绕绕的崎岖山路有 300 余里，汽车开上木船渡河四次，这 7000 余箱，如何如期运完?

那志良先生奉命转运，再次故伎重演：特地跑到距成都不远的县份去找中转站。他们沿着成都到峨眉之间的山路沿途寻找、察看，终于在距成都约 140 里地的彭山县城找到了贮藏国宝的中转仓库：一所学校，一座庙宇。拟将存放在成都的文物用两个星期的时间全部运到这里，迁出成都，正好完成行政院下达的紧急命令，另有一部分存放在褒城的文物则直接运往峨眉。

1939 年上半年，运输文物艰辛备至，马不停蹄。川陕这一带的文物转运，分成三批，分段运送，显然战线拉得太长了。从陕西褒城算起，南到四川峨眉，绵延 1400 余里，长途跋涉，箱箱文物都是国宝，令人堪忧。

那志良先生当时是驻蓉办事处主任，这个办事处管辖着褒城、汉中、广元、成都、彭山、峨眉等处的有关事务，牵挂国宝安危的那志良就实行责任分工制，每处指定一位职员负责，全权管理一切事务：褒城是梁廷炜，广元是曾湛瑶，成都是吴玉璋，汉中是薛希伦，彭山是郑世文，峨眉是牛德明。另派 5 人：吴凤培、刘承琮、马惠琛、牛德善、华布鹤负责押运。

1939 年 6 月，成都存放的由陕西送来的文物运到彭山；7 月 11 日，全部运抵峨眉，分别存放在县城东门外的大佛寺和西门外的武庙两处，并在这里成立了故宫博物院峨眉办事处。

这一路运输的艰辛，那志良先生这样写道：

向后方疏散的三条路线，这一路是比较困难的。安顺方面箱数少。乐山方面是用船运，每船可装数百箱。这一路用汽车运，每车所装不过几十箱，在车辆缺乏的时候，运七千多箱，经九百多公里，确是一件不容易的事，而在这次运输期间，最辛苦的是那些押运员们。

有一次，我自己押运了一批车辆，经过庙台子（陕西留坝附近，据说是张良得道处），车停下来，大家吃饭。一碗米饭盛来，其色灰黄，里面沙子、谷壳都有。司机们告诉我，米饭不好，可以吃馒头。馒头拿来，颜色更黑。掰开一个，好似掰一节藕一般，丝丝相连，真是难以下咽。还有一次，一辆车抛锚在一个小村庄旁边，其余的车也都不能前进，晚间便向一个人家借宿，借到一块门板，一些稻草，押车士兵借我一条军毯，寒风刺骨，度过一夜。我自己押车次数极少，常常押车的先生们，苦事当更多了。

古物运输期间，一位押运员刘承琮，在路边休息的时候，被别的车子撞下山坡，摔伤右手，以后送到医院诊治，右手食指被割去了，成为终身残废。翻车的事，也时有所闻，不过都是回程空车，因为车上没有文物，司机就不免大意了。

我自己也有过翻车的经验。一次是走到宁羌，天已黑了，遇到大雨，司机急于赶路，车行较速，不想道路甚滑，便翻到稻田里去了。人未受伤，弄得满身是泥！还有一次是陪着徐副院长鸿宝乘回程车去视察川陕运输，车正由一个大坡向下开，一个老太婆穿行公路，车甚速，无法停车，司机把方向盘向右边一拐，开向田里去，车子幸未翻倒，而一大片农作物被损坏了。我们正为老太婆庆幸，也为自己庆幸的时候，老太婆过来，把我们大骂一顿，叫我们赔偿她的农作物，她还不知道我们救了她一条命呢！

装运文物的车辆也曾翻过一次车。有一次，绵阳附近的一条河正在修桥，新绥公司的汽车有一辆装了满车文物箱经过这个桥，不慎翻到河里去。押运员打电报来报告，我正在成都，便赶到现场一看，所有这一车箱子，不是"上"字，便是"寓"字，是书籍、档案之属，没有一箱是怕震动的文物，而在翻车之时，正值冬天，河中无水，天下真有这种巧事！难道说真是古物有灵吗?

川陕运输，也和其他两路（运输）一样，时常受到空袭的威胁。文物运出汉中不久，汉中便受到轰炸，贮存文物的仓库也中了弹。那时，梁廷炜先生还在汉中，听到了警报，他打算到城外躲到菜籽地里去，不想还未出城，敌机已经临空，只好躲到一个小桥下面。警报过后，他才知道菜籽地里死伤累累，因为敌机来时，不知由机上投下了什么东西，大家以为是炸弹，纷纷逃走，敌机低飞扫射，所以死伤多人。成都也是如此，第一次被轰炸时，文物刚刚运完不久，我还留在成都处理各地运输的事。警报来时，我与押运员刘承琮躲到大慈寺的防空洞去（所谓防空洞，仅是在地上掘一个坑，上面盖些树枝）。等空袭过后，走出防空洞，看到西面已是一片火海了。这次大慈寺虽未被炸，如果文物未运完，也是相当担心的事。

这次陆路运输国宝的疏散，真是历尽艰险，顺利地渡过了一次又一次难关，飞机轰炸，窑洞崩塌，桥梁冲毁，洪水袭击，雪崩和翻车，无论哪一件，对于文物珍宝和人员而言，都是致命的，然而一次次都化险为夷。所以，故宫参与转运的职工，多次感叹："天神帮助，真是古物有灵啊！"

1939 年 7 月，陆路运输的国宝 7286 箱一箱不少、一件未损地全部运到峨眉大佛寺和武庙，这时离开南京已将近两年了。仅从宝鸡开始，用卡车运输，历汉中、成都、峨眉，一路上山路崎岖，翻山越岭，走川过河，颠簸运行时间就长达 18 个月。

从南京到峨眉，全线行程约 5000 里。

这批陆路运输的国宝7286箱，包括故宫博物院文物6664箱——古物馆1730箱，图书馆252箱，文献馆956箱，秘书处3721箱，其他5箱；其他各机构文物622箱——古物陈列所571箱，颐和园40箱，国子监11箱。

抗战时期对于故宫博物院来说真是非常时期，一切都是那么严酷和不可思议。

转眼之间，曾令多少人心醉神迷的紫禁城随着北平的陷落也落入了日伪之手。故宫博物院被接管，机构、官员和职员基本保留，仅更换了少数员工，由总务处处长张廷济主持事务。

北平所在的故宫博物院进入了守成时期，这一守就是8年。

流落宫外的南迁宫廷珍宝，经辗转搬迁，于1939年9月全部疏散到大后方，分别存放于贵州安顺和四川乐山、峨眉三处。

故宫博物院固有的组织法失去了效用，旧有机构、体制不复存在，一切改为战时临时体制。院长马衡驻重庆，在临时首都办公；故宫博物院总办事处也随院长设在重庆，战前的庶务科科长励乃骥升任总务主任；另在存放南迁文物的安顺、乐山、峨眉三处分别设立办事处，合称三办事处。

三办事处由向后方疏散时指定的各路负责人任各处主任。三办事处成立之初，职员如下：贵州安顺办事处，主任庄尚严，员工朱家济、李光第、郑世文；四川乐山办事处，主任欧阳道达，员工刘官谔、梁廷伟、欧阳南华、曾湛瑶、牛德明、张德恒、李鸿文；四川峨眉办事处，主任那志良，员工吴玉璋、薛希伦。

南迁文物，运到南京时，总计 19650 箱。

三批向后方疏散，共运出 16000 余箱，尚有近 3000 箱文物陷落在南京。

那志良先生这样写道：

迁到后方的文物中，安顺办事处所保管的八十箱，是由南迁箱件中选提的精品，不在南迁箱数之内。存在峨眉办事处的箱件中，所列其他五箱，也是在南京时为了编目照相等工作临时由原箱抽出，暂为另箱储存，仓促起运，不及归回原箱的，也不在南迁箱数之内。所以，疏散到后方去的箱数，实际是南迁箱件中的一万六千六百五十箱，其余二千九百余箱便是陷落在南京的了。

此二千九百余箱中，故宫博物院本身文物有二千七百七十箱，约占南迁总的五分之一，其他机关文物，存在故宫库房里，经故宫博物院代为运出后其陷京者，古物陈列所仅一百一十二箱，约占南迁总数四十八分之一；颐和园仅十八箱，约占其南迁总数的三十五分之一；国子监的文物，则全部运出了。此外，安徽图书馆存在库里的二十八箱，及中央图书馆存在库里的善本书二箱，也代为运出，分别在渝、蓉两地移交原机关接收。

这次抢运，故宫博物院职员，不分畛域的精神，深得各界人士之赞许。

文物无论在哪里，防火、防潮、防蛀、防盗总是至关重要的。存放在三办事处的都是国家一级国宝，都更加重视这“四防”。选定库房时，为什么总爱选祠堂庙宇？一是要宽敞，二是要周边环境安全，尽量荒僻些，好守卫，不能与民房相连、相邻，附近无危险物。选好仓库后，在完全隔离的地方建立警卫、职工宿舍、值班房和厨房。库房附近严禁火烛，库内不许吸烟。

防潮方面，一是将箱子垫高以便通风，二是在箱架下洒些石灰吸潮，三是晴天打开门窗通风，四是晴和天气随时晾晒。

防虫重点在防蛀、防蚁。箱子内存放有樟脑丸，用于防虫蛀；樟脑丸不够时，就用烟叶代替，但烟叶杆本身又长虫。防蚁最艰难，南方潮湿温润的气候，白蚁疯长，贵州安顺和四川峨眉两处，白蚁还好点，没太多的麻烦，四川乐山就不一样了，库房多为湿土，白蚁简直是疯了，猖狂地繁殖，猖獗地危害，令职员一见就头疼，做梦都梦见嘴里全是白蚁，从鼻子、嘴里钻进钻出，猛地惊醒，果真嘴上、脸上、手上全是！

防盗的重任交给军警，由全副武装的军人守护。峨眉、乐山两办事处，先由新5师各派一个连驻守；新5师急调前线后，由第29师接防；第29师上前线后，由军事委员会特务团各派一连驻守。安顺办事处，先由第202师派一个连守卫；第202师上前线后，省政府派保安队一个连接防，后来由军事委员会派一个连的士兵驻守。

1944年冬天，日本鬼子端着沾满中国人鲜血的刺刀大举进犯中国腹地贵州。血腥杀戮之后，内地重镇独山陷落，贵州省首府贵阳危急。

贵阳向南260里就是独山，而向西仅200里便是存放80箱国宝的安顺。贵阳、独山、安顺呈三角互倚之势，从安顺到临时首都重庆，必须经过贵阳；独山陷落，贵阳危在旦夕；贵阳一旦陷入敌手，安顺至首都重庆的联系被切断，后果不堪设想。

故宫博物院鉴于形势危急，其总办事处奉命立即与军事委员会接洽，由军方派汽车从重庆出发，抢运安顺文物入川。军方立即派车。故宫博物院马上电告安顺办事处，做好文物转移的准备。军车开到后，仅用了三个小时便将存放安顺的所有文物全部装上车，还包括办事处的公私物品，一行车队迅速离开了安顺。车过贵阳，也不停留，直接渡过乌江入川。驶抵遵义之后，众人才松了一口气；车队一入川，大家才彻底放下了心。重庆故宫博物院总办事处已经在重应郊外的四川巴县石油沟找到一处收存文物的好地方：飞仙岩。正如其名，这里风景优美，正是仙人会聚之所。

于是安顺办事处撤销，成立巴县办事处。

乐山办事处最初是 7 个库房：宋氏祠堂、三氏祠堂、赵氏祠堂、易氏祠堂、陈氏祠堂、梁氏祠堂、古佛寺。1942 年春，将古佛寺库房撤销，文物并入其他库房。

峨眉办事处原有两处库房：一是峨眉县城东门外大佛寺，一是西门外武庙，都与县城很近。1942 年春，行政院命令再度疏散，在县城南门外约 8 里的山脚下选用了一处土主祠——这是峨眉山金顶的脚庙，据说，峨眉山山上的大和尚，夏天时在山上避暑，招待四方香客，冬天就到山脚下的脚庙来念经打坐、修持功课，实际上是避寒，如同一个是夏宫，一个是冬宫。和尚答应为国分忧，让出一个脚庙，用于存人国宝。另又找了一个许氏祠堂，东门、西门外的两处主要文物，就迁到了脚庙和许乐祠堂存放，而一些稍次要些的文物，依旧放在西门外武庙，东门外的大佛寺就还给了和尚。

1943 年，峨眉县城内突然发生了大火，火光冲天，浓烟滚滚，大火借助风势疯狂地吞噬着一座座房屋，县城瞬时之间变成了一片火海。大火令看守文物的职工、军警们心惊肉跳。负责这里文物守护的那志良先生，马上派守护库房的一部分士兵带上消防器具前往县城救火。峨眉县城较为落后，没有什么消防设备，而故宫方面所携带的消防器具也不过是水枪、火钩，根本起不了多大作用。

城内的房屋，大都是多年的老房，木质结构，屋外又搭盖了许多木片组成的棚屋，都是一遇火就着，当即燃烧，火势越来越猛。控制火势，只有一个办法，就是辟出火道。然而，可怜巴巴的百姓们舍不得一砖一瓦，拒绝这样做。结果，火借风势，愈烧愈烈，听天由命的结局就是烧个精光。

大火向西门气势汹汹地扑来，西门外武庙库房周围，草棚很多，一个紧挨一个，都是用作养猪、养鸡、养鸭、存物和厕所的。只要有一星火块掉到这里，很快就会连成一片，更何况，火龙一般的大火极迅猛地扑向西门这一带，形势万分危急！

那志良下达死命令，命士兵立即拆毁武庙周围的所有棚屋；同时，请保长转告各住户，如果大火没烧出西门，所拆的所有棚屋，故宫博物院负责赔偿。果然不出所料，疯狂如火龙一般的大火，很快就吞噬了西门，烧出了西门外。那志良派兵强行拆除棚屋，辟出火道，控制了火势。

大火喷出了一团团火焰，一块块火星，烈焰腾腾，噼噼啪啪，搞得十分热闹。疯狂的大火热火朝天地发疯撒泼之后，留下的是一片废墟和焦土：峨眉县城几乎全部烧光，仅存城内西北角一隅、东门外大佛寺和西门外武庙一带——这里存放着文物珍宝。

存放文物的东门、西门外幸免于这场特大火灾，众人真是惊得发呆：国宝真的有灵？真是有神相助？是宫里的众神相助？

从重庆到南京到台湾

日本鬼子投降后，国民政府再次接管故宫博物院。

北平故宫博物院接管以后，范围比以前扩大了。以前所辖的地域是：北至景山，南到紫紫城北半部的最南端乾清门，而乾清门广场以南的紫禁城外朝部分，包括三大殿及其东西配殿、廊庑和外围的武英殿、文华殿、文渊阁，归内政部所属的古物陈列所，午门归历史博物馆。现在，接管以后，紫禁城全部，以及所属的天安门以内的端门、午门，以及大高殿、景山、太庙、皇史宬、清堂子等，全归故宫博物院；而古物陈列所存放在北平的文物，也全部由故宫博物院接管。

北平故宫博物院的职员，百分之九十都是抗战前的旧人，接收工作只是办个手续就成了；相对来说，古物陈列所存放在北平的文物接收起来要相对繁杂一些，因为这批文物数量不少。

1947 年秋天开始，北平故宫博物院组织人员，分 6 个组，点收古物陈列所存放的北平的文物，到这年 11 月，又增加一个组，至 12 月 22 日，全部点收完毕。

南京光复后，朝天宫文物库房也由故宫博物院接收。朝天宫的库房，抗战时被日军用作伤兵医院，库房四周开了许多窗子；地下的保险库也被破坏，遇到阴雨天漏雨滴水，无法使用，而陷京的文物则全部迁往北极阁中央研究院。

故宫博物院接受南京朝天宫后，将库房一一恢复原状，然后把存放在北极阁的陷京文物全部运回，仔细点查、接收，所幸没有什么损失。

1945 年抗战胜利后，国民政府各机关争先恐后地从临时首都重庆迁回首都南京。

1945 年冬，重庆有许多空房。以安全为第一的故宫博物院从容不迫地着手文物集中工作，打算将三处存放的文物集中于重庆。放在重庆什么地方最合适？经反复考察，与经济部一再协商，将重庆南岸海棠向家坡原贸易委员会的办公室及宿舍移交给故宫博物院作为库房。

1946 年，巴县办事处 80 箱国宝第一批运到向家坡，巴县办事处主任庄尚严及众职员就在这里负责接收房屋、修理库房和点收文物。

故宫博物院派那志良为总队长，负责将乐山、峨眉两处文物，集中于重庆向家坡。

1946 年 4 月 18 日，负责运送文物的新绥汽车公司按约定开来一辆汽车，装满文物，由那志良先生押运，开往重庆，察看沿途情况。

汽车顺利地抵达重庆向家坡，那志良与四川省公路局局长商议集中文物事宜，订出如下原则：一是峨眉、乐山两处文物，走同一条路线，以确保其安全，这条路线是从乐山经荣县至内江，再循成渝公路直抵重庆，而峨眉的文物就是从峨眉到乐山再走这条线路；二是荣县到内江这一段基本上算不上公路，路面坑凹不平，坎坷而曲折，四川省公路局负责立即进行整修，要使路面平坦，基本能确保文物车辆不太颠簸地行驶，而整修路面的款项由故宫博物院支付；故宫博物院派人会同四川省公路局人员再沿途视察一次，看看有没有什么不安全之处。

商议之后，那志良就和四川省公路局副局长沿途实地视察。在荣县至内江的这一段，看到的情形真的是很恶劣，路面的大坑一个接一个，车辆在这路段上行驶，一个劲地摇摇摆摆，这样恶劣的路况真是让人难以置信。副局长也说，如果不亲眼所见，很难想象会有这样的公路。

故宫博物院的钱很快交给了公路局，公路局马上抢修，运了许多车泥土，把大坑小坑填满，修整了路面。但是，一场大雨之后，车一行驶，大坑小坑依旧，路况比整修前更加恶劣。从司机到押运员到军警，坐在车上，颠得灵魂都出了窍，都一路感叹，川道之难，真是难于上青天！

众人感到惊奇的是，这样颠簸的路段，运送了这么多文物，竟没有一件损毁！不仅仅故宫职员，连司机和军警也都相信：国宝有灵，古物有灵；有神灵一路相助，才使这精华国粹在这数年的艰难转运中完好无损。

1946 年 9 月 12 日，历时近 3 个月，存放在峨眉的 7000 余箱文物全部运至重庆向家坡。

乐山办事处也一直在积极准备。乐山 9000 余箱文物，存放在 6 个库房，分散在乡间山野，都是些荒僻很少人烟的地方，汽车无法开到库房门口，须在汽车能开到的地方设一个临时库房，由人工将文物搬到这里。

故宫博物院发现岷江对岸马鞍山一座粮库很适宜做临时库房，便与乐山县政府商量借用，县政府当然全力相助，文物便陆续集中到这里。这里的便利和安全之处，一目了然：粮库下面就是码头，存放在各处的文物，都离河很近，提出后直接装上木船运到这里，安全而方便；从这里装上汽车，就可以直接开走，不必再上木船过一次府河。

1946 年 9 月 15 日，乐山文物开始起运重庆。

新绥汽车公司无力承担这次运输，改由川湘公路局和军车完成承运峨眉的文物，这次乐山的文物也由川湘公路局与军车运送。

1947 年 3 月 6 日，乐山 9000 余箱文物全部运抵重庆向家坡。

四川人都知道国宝存放四川好几年了，一直无缘见面。现在，听说国宝要离川，便纷纷要求办一次展览，让大家开开眼，看看宫里旧藏的宝贝。

故宫博物院决定满足四川人的要求，在 1946 年 11 月，举行了一次宫廷书画展，选取了一百件精品参展。四川人成千上万地参观，一个个惊叹不已，说难怪这些宝贝刀枪不入，你看看那一身灵光之气就明白了，哪个砍脑壳的能损它一根毫毛？

国宝有灵，一时成为四川人在吃香喝辣之余，相互传播的热门话题。在打牙祭和茶馆小饮时，一谈就是几个小时，纵谈文物的神助和灵性。感叹之际，有人接连几个喷嚏，他就说："看，砍脑壳的，说得对头，想我哩！"

白蚂蚁似乎是这天府之省的特产，走到哪里都能见到它，躲也躲不掉。

天府的富庶养育了四川优秀的儿女，这里雄杰聪慧的人物层出不穷；同时，天府的富庶也滋养了许多低级的生命，它们虽不会说话，但营养足，一样长得白白胖胖，调皮得"逗人"，贪婪得"可爱"。

白蚂蚁就是这么一群低级生命，单看它倒也生得灵巧和富贵，但一见它那贪婪的吃相你就不想再吃东西了。

故宫博物院的职工算是见识了四川的白蚂蚁，一想起它们就心有余悸，以至于一见到白色的东西就有点发蒙，这都是白蚂蚁给闹的。

三处的文物集中到了重庆南岸海棠溪向家坡后，原来的巴县、乐山、峨眉三办事处撤销，改成三个组，管理相应的这三处之物：山脚下，编为甲组，由巴县办事处庄尚严主任改任甲组主任；山腰一带库房编为乙组，原乐山办事处主任欧阳道达改任乙组主任；近山顶的一带库房编成丙组，由原峨眉办事处主任那志良任丙组主任。

集中重庆之后，只等雨季到来，长江水涨，便可以顺流而下，将文物运回南京。

有半年的时间，本可以好好休息，从容地观赏一番天府美景。然而，白蚂蚁大闹海棠溪，本该闲暇的故宫博物院职工却因此而忙得不可开交，看什么天府美景，光看天府的宝贝白蚂蚁就够了。

海棠溪一带，有许多的坟墓。天长日久，坟墓越来越多，连成了一片又一片。四川湿润的气候和松软肥沃的土地，本来就是白蚂蚁生存的天堂，这海堂溪一带的坟墓区，更是白蚂蚁的乐土，白蚂蚁成千上万，无处不有。

对于文物而言，白蚂蚁是十分危险的天敌，它们能从箱架底部轻易地穿洞进入箱子，一旦入箱，用不了两天，箱里的书画、档案、古书、织物之类将会全都变成了它们的美餐。

一箱箱文物，都用木架支着。白蚂蚁一旦侵入木架，神不知鬼不觉地吃空架子，文物箱就会突然从架子上倒下来，这是十分危险的。

如何对付白蚂蚁？那志良先生这样写道：

故宫同仁便把时间、精力，都放在防白蚂蚁的上面去，采用了两项办法：

一、如果把各库地面都改成水泥地，自然是最好的办法.可是为经济所限，不能这样办，就派工人到河滩里去拾大块鹅卵石垫在每个箱架脚下，白蚁吃不动石头，就要在石头上做成隧道，白蚁从隧道里通过后，才能爬进箱架里面去。只要看到石头上有白蚁的隧道，便知有白蚁上来，可以及时消灭它。

二、把各组职员分配好，每人管理若干库，每人发给一个电筒，一块棉垫，每天上午、下午分两次去检查。检查时，把棉垫铺在地上，职员趴伏在这棉垫之上，用电筒把每一个架脚检查过，看看脚下的石头上，有没有白蚁的隧道。一有发现，马上报告，然后派工人把箱子卸下，箱架移开，在白蚁的来路灌上白蚁药，再把箱子堆回去。

这个办法当然不是根本办法，而且职员们为了这事每日工作两次，相当辛苦。不过，文物在这里，等于一个转运站，无须花费许多钱，只是职工们吃一些苦而已，白蚁屡有发现，幸未伤及文物。

在重庆，防蚁成为唯一的工作，此外便是筹备文物还都的运输事宜了。

国宝 1937 年 8 月离开南京，10 年后的 1947 年 5 月，又陆续回到南京，历尽了千辛万苦。

从重庆回到南京，走水路是最佳的选择，雨季水涨之时，顺流而下，日行数百里，又方便，又快捷，还很安全。

从向家坡库房到海棠溪这一段陆路，由川湘公路局用汽车装运；从重庆到南京的水路，由民生轮船公司用轮船载运。国子监的 11 箱石鼓，其中 10 箱是石鼓，1 箱是石鼓文音训碑，每箱约有一吨重，太沉的分量，装船走水路怕发生危险，改用汽车走陆路，从重庆直达南京。

陆路载运国子监石鼓，是十分艰辛的工作，真正是一次艰苦的长途跋涉。计划的路线是循川湘公路，经过长沙、南昌直达南京，川湘公路局派 10 辆新车负责这次长途载运。那志良先生没有走过这条公路线，自告奋勇，既是押运，也想趁此机会做一次长途旅行，见识一下沿途的人物和风光，而吴玉璋、张德恒两先生也有此意。英雄所见略同，三人便一同担任押运石鼓的工作。实际上他们是捡最艰苦的工作去做，故意释然地称之为长途旅行。

完成这项重要的任务果真是一次艰苦的旅行，漫漫长征六千余里。

那志良先生这样写道：

这是一次很可纪念的旅行，我愿意比较详细地叙述在下面。

三十六年（1947 年）五月三十日，开始装车，一辆一辆的老爷车开来。许多人说，这次押运工作是非常艰苦的，因为路线那样长，汽车那样旧，难免不发生意外。我们既答应这件工作，也没有临阵退缩之理。五月三十一日晨，六千里路的长征开始了。

第一天踏上了征途，有一辆车便翻倒了，地点是在江津县广兴乡幸家湾，原因是方向盘无法控制，车头撞到一株小树上，树倒车翻。幸而稻田里没水，文物未受到损失。好在距重庆不远，由重庆开来一部车子换上，再行前进，晚间住到綦江。

由綦江到彭水这一段路上，使我时常想到川陕的往事。由綦江出发，要连续走上坡路十公里，又连续走下坡路二十公里，坡高路陡，急弯甚多，我便想起二十七年（1938 年）在川陕道上的五丁关与剑门关，也是这样的险峻，但路面似乎比这里宽些。

从白马开出时，曲折迂回，连续上坡十八公里，在山上旋盘十公里，又连续下坡十八公里。这天行程，因为是个阴天，遍山皆云，汽车出入云海，风景格外好看。我觉得，这里的山，比峨眉山还要好。峨眉山的好处在于秀，所谓“峨眉天下秀”，这秀字用得最好，但它没有雄伟的气魄；有一座山，远远望去，好似峨眉山的舍身崖，我想如果在这里建一座庙宇，比金顶好得多了。

过武隆后，沿着黔江走。两面高山中夹着黔江，公路便沿着黔江，蜿蜒而行，这又好像川陕道上的明月峡。从彭水开出，是一个清朗的天气。山中晨曦阳光，与前两天所见的林峦烟雨，各有其妙。到黔江时，我们休息了一天，车已开出五天了。

离开重庆之前，我们就听说酉、秀、黔、彭四县是土匪出没之地，后来潘文华的部队驻在这里，把土匪赶走了，但是仍不安静。我们对于这事有些担心，一路打听，都说没有土匪。在这里又问到一位老先生，他说：“你们放心走吧！没有事，潘主任的队伍都走开了，哪里还有土匪呢？”

黔江到龙潭的一段，在距酉阳二十四公里，地名高坎子的地方，一辆车又翻了。原因是车辆正下坡时，司机为省汽油，关掉了油门，下冲得很快，恰巧在拐弯时对面来了车子，司机一时手足无措，便向山坡下翻去。车上的人，包括司机、助手、宪兵等赶快跳下车来，幸未受伤，石鼓非常笨重，也未受损，只是汽车摔坏了，附运的家具也摔碎了。晚间，由龙潭开来一辆车，把东西装好，赶到龙潭集中。

经过两次翻车，大家都有戒心，司机们纷纷卸下机器，大加修理。在龙潭，又耽搁了两天。离开龙潭，经过秀山、茶洞、永绥。永绥到所里之间，有一段山路叫矮寨，是我走过的公路中，最危险的一段，陡坡七公里，两面都是大小牌子，写着“危险”“急弯”等叫司机注意的话。所有急弯，急得不打倒车便转不过来，一面是山，一面便是很深的山涧。通车之后，屡次翻车。有一次，一辆客车，由山上翻下来，跌得粉碎，乘客全部罹难，土匪也在这里劫过车，这地方真是太凶险了。所有司机，都是常年行驶这条路线的，大家特别小心，幸未发生事故。

由所里经泸溪到沅陵，全程第一段路，已经走完，是六月十二日，离重庆已十三天了。

在沅陵住了三天。六月十五日由沅陵出发，经桃源时，司机告诉我，附近有个渔父乡，那里有个山洞，便是桃花源记里所记的那个山洞了。经常德到长沙的一段公路上，都是红色的泥土，路旁青翠的树木，碧绿的田野，衬着蔚蓝的天空，一朵一朵的白云。风景之美，令人流连。湘江资水中的远帆，更富诗意。公路上的桥梁完全没有了，据说是抗战时，常德撤退后，自动破坏的。过益阳时，还替同事买了些竹席和竹夫人。

战后的长沙，与我押运古物到湖南大学时完全不同了。一场大火，把那些旧式建筑、狭窄街道，通通烧光了。此次重来，见到的是宽阔的街道，高大的建筑，尤以布店银楼，建筑的宏伟，比得上其他各地的银行。

在长沙住了四天。六月二十一日又由长沙开出，到浏阳时，看到家家在插菖蒲，知道将近端阳了。出了浏阳就该渡河，渡船是由两条木船拼凑而成，船已漏水，很是危险。旁边新修的大桥，已然完工，可是不准通行，工程处坚持非行过通车典礼，不能通行。语言的粗野，态度的无礼，使人无法再和他交涉，只好仍用破船渡河，每渡一次，淘一回水，慢慢地，把十辆车子渡完。

离开浏阳，车辆刚刚开过上栗市，公路上掘了一道沟，竖个木牌，上面写着：禁止通行。看守的人说："这条路根本没有通车，现在还正在修理中，你们愿意走就走，翻了车，怪不得哪个人。"他又告诉我们，从这里到南昌，没有一条公路通过车，南昌再过去，更是走不通。我们才了解，川湘公路局答应了生意，根本没有打听沿路情形，使得我们前进不可，后退不能。

我们就去质问川湘公路局的领队张子嘉。张子嘉与司机就大骂他们的路局，不该这样乌七八糟地骗人！但事已至此，只好走一节算一节了。大家自动填沟，继续前进。这条路果然是坏得不堪，车辙成为两条深沟，沟里贮满了水，车行其中，非常难走，车底常常到路面的石间上；要是骑着沟走，路面极滑，又怕翻车。过了株潭，路面上放着一堆一堆的石子，每堆都是三四尺高、八九尺宽，每隔三四尺就是一堆，车在上面走，一颠一簸，摇摇摆摆，车子的机声吼着，司机的嘴里骂着，我们实在担心再演一次翻车的惨事。

车过上高，到高安，一路上特别荒凉，大片的田地，没有人耕种，偶尔看见几个人，便都是衣服褴褛的穷人。这一带是旧路，并未翻修，比起前一段，要好走的多。到南昌时，正值端阳节。

在南昌，知道到南京去的路是无法通行了，有许多桥梁已断，又无渡船，实在不能再继续开行，惟一的办法是改运九江，候轮运京。

车子又要修。在南昌住了五天，车子改开九江。这一带，抗战时，曾被日人大肆屠杀过，人少极了，大块的土地荒芜着，土匪出没，时常劫车。车走到张公渡，天已黑了。我们知道这是有名的土匪出没地点，本不打算住在这里，只是时间限制，无法前进，并且我们也知道，石鼓那样笨重的东西，土匪不会要，至于押运人员的安全，是无法顾到了。六月三十日到达九江。

经过九江的船只，都已在汉口装满了货，无法搭运石鼓。经过多少次的交涉，幸好有一艘执信轮来浔，装运军米，舱位可以由九江支配。向招商局说了不少好话，才得到许可。七月二十四日下午装船，在九江已停留二十四天了。

七月二十五日上午，离开九江。一路的风景，与战前无殊，风帆沙鸟，依旧是悠然自得。在芜湖停留了一夜，第二天，上午九时到南京下关，当天运回朝天宫。

这一次运输，一共走了将近两个月。

石鼓走陆路长途跋涉六千余里，终于在两个月的奔波之后从重庆再一次回到南京朝天宫。其余的国宝则是通过水路顺江而下，回到南京朝天宫。

水路运输始于 1937 年 6 月 19 日，到 12 月 9 日全部运完，历时约半年时间。

水路运输，也是风险重重。

运输的第一天便发生了翻车事件。一辆车装满了文物箱，从向家坡向下开，在一个转弯的地方，不知道因为何故，突然翻了车。司机费了好大的劲，从驾驶室内爬出来，所幸没受什么伤；更所幸的是这一车文物是图书，而且车又是慢慢地翻倒的，车上的文物箱件没有碰坏，箱内的图书也完好无损。

水路运输，较麻烦的还是陆路上的这一段。在海棠溪设了一个转运站，汽车从向家坡开到这转运站，由负责人点收以后装入趸船，再用小汽轮将趸船拖到江对岸，存入仓库之中，等候运输。船只一到，按顺序装船——即从货栈中提出以后通过人力一箱箱运到船上。

国宝装上轮船以后，顺流而下，就轻松多了，所以水路押运比起陆路押运要舒服得多。一路上，看尽两岸风光山色，可以尽情地赏玩江上峡口的日出日落，听阵阵松涛，不过，江水湍急，一切如过眼烟云，匆匆而过，也即所谓“两岸猿声啼不住，轻舟已过万重山”。

南京码头上军警们戒备森严，搬运工也等候着，汽车也停在江边。轮船一到，马上就装文物上汽车，一路上由军警护卫着直驶朝天宫，搬进库房。

但码头上的野蛮搬运，令故宫人心惊肉跳。

那志良先生写道：

抗战胜利后的码头工人，比起战前来，真是大大的不同了。记得文物南迁时，箱件卸下火车，装入轮船，都是两个人抬运一个或两个箱子，轻起轻放，有工头在旁监视，绝不许有一点点震动。这次码头工人则不然，我回到南京，第一次到码头接管这个在码头接运工作时，看到他们把一排箱子向旁边一推，箱件倒下来后，每人背一个出舱。我们看这是运普通货物的办法，古物怎可能这种运法？再三交涉，向工头说了不少的好话，他们虽不用这个办法了，但是移动箱件，仍不能时刻在意。如果你制止他们，他们便毫不客气地恶语相加，使这些在码头上工作的职员，伤了不少脑筋。

北平故宫博物院，在抗战胜利以后，完成了交接工作，基本上都是原班人马，自己移交给自己，办个手续而已，表明国民政府的正式接管。

国宝从重庆迁回首都南京以后，南京故宫博物院分院的各项工作渐渐恢复和展开。

人事方面，三大馆馆长、总务处处长都恢复了战前的状况，只有文献馆馆长沈兼士已于 1947 年病故，改聘姚从吾先生继任文献馆馆长。而科级职员则有所变动，进行了重新任命：赵儒珍、朱家濂任秘书，庄尚严、那志良、曾广龄任古物馆科长，李益华任图书馆科长，欧阳道达、张德泽、单干魁任文献馆科长，黄念劬、励乃骥、常惠、黄鹏霄、王孝缙任总务处科长，唐祯任会计室主任。

从重庆回到南京的文物，一直没有脱手过，基本上完好无损，可以放心。而最紧迫的则是当时日寇入侵时陷落在南京的这部分文物，要立即进行清点。

陷落在南京的这批南迁文物，都曾造过清册，呈报政府备案。这批国宝，被日本人接管后，全数搬到北极阁，并有人做了初步整理。抗战胜利后，故宫博物院立即派人接收了这批国宝，及时将它们运回朝天宫。这时，根据政府备存的陷京文物清册，一一清点，结果是，仅有少数的错误之外，全部完好无损无缺。

收购文物方面，主要是书籍、字画、瓷器、铜器等等，有代表性的人物，便是郭葆昌、杨宁史。

郭葆昌曾是故宫博物院的瓷器、书画审查委员，是当时很有名的收藏家和瓷器鉴定专家，家里收藏有不少书画、瓷器方面的极品。清乾隆皇帝当年醉心的三希堂帖，除王右军《快雪时晴帖》存于故宫博物院，另两帧，王殉的《伯远帖》、王献之的《中秋帖》，都是价值连城的极品墨迹，均存于郭葆昌先生的私人库中。郭先生知道，他所收藏的这些国宝，都是国家的财产，应送交国家，早就有意将自己的收藏捐给故宫博物院，为此，郭先生写下了遗嘱，并让其儿子一定照遗嘱办。

1937 年，郭葆昌先生将自己的这个决定，郑重地告知故宫博物院马衡院长和古物馆馆长徐鸿宝以及古物馆科长庄尚严三人。不久，郭先生去世，他的儿子看了遗嘱，严格遵守父亲的吩咐，并将所藏瓷器的绝大部分捐献给故宫博物院。故宫博物院郑重地接受了这批私人捐赠，政府方面还酬谢了郭家一笔钱。

杨宁史是德国人，一生喜好收藏铜器，有许多是极品，古色古香的，包括商、周时期的旧物，倍极珍贵。他在抗战胜利后，便慷慨地将自己的所藏铜器，捐给了故宫博物院。故宫博物院还特辟一处展室，展览这批古物。

当年随溥仪流散到东北的，有许多宫廷书画、古籍、古物，每一个都是精品中的精品，故宫博物院一直在努力收购这批宫中旧物。经过多年努力，虽然收效不明显，但所幸还是收回了一些珍品，其中最珍贵的有：龙鳞装王仁眗书《切韵》卷，邓文原章草真迹卷，南宋初年刻本《资治通鉴》一部 100 册目录 16 册，分装 20 锦函。

1948 年冬，淮海战役紧张而激烈。国民党显然已支撑不住了，南京再一次陷入危机之中。

面对岌岌可危的战局，故宫博物院理事长翁文灏在自己的公馆召集故宫、中央两博物院理事王士杰、朱家骅、杭立武、傅斯年、李济、徐鸿宝等一同商讨对策，共赴危局。经过商议，一致决定，将故宫、中央两博物院放在南京的文物，提取精品，迁运台湾。

这是抗战胜利后，故宫博物院的第一次理事会议，这个会议的文物精品迁台决议，确定的故宫迁台文物是 600 箱，以参加伦敦国际艺展的中国文物为主。但不久，随着局势的日益严峻，理事会再次开会，决定全部南迁文物运往台湾。

故宫博物院、中央博物院决定将精品文物运台，中央研究院历史语言研究所、国立中央图书馆也决定选取精品运往台湾。四个大的文物管理机构，想成立一个联合机构办理文物迁台事宜。这时，外交部恰好有一份重要的档案想运往台湾，这样，就成立了一个五大机构组织的联合体，由五个机构各派一名代表参加，然后由教育部政务次长杭立武先生统筹全面的工作。杭立武既是教育部次长，又是故宫博物院理事兼秘书，还是中央博物院筹备处主任。

所有国宝级精品文物，先后分三批运往台湾。

第一批是海军部负责承运的，由海军部派中鼎轮将文物从南京直接载运台湾。这第一批文物中，故宫博物院共计 320 箱，包括古物 295 箱，图书 18 箱，文献 7 箱，故宫博物院参加伦敦国际艺展的 80 箱文物也包括在其中。马衡院长亲自派押运这批文物的安顺办事处全班人马负责这次的押运，他们是庄尚严、刘奉璋、申若使 3 人。

1947 年 12 月 22 日，第一批文物装上中鼎轮启航离开南京，于 5 天后的 27 日驶达台湾基隆港。这首次载运台湾，惊心动魄，押运的职员一个个吓出了一身冷汗：中鼎轮是由登陆艇改装的，是一般的平底船。文物箱件放在这平底船的船舱中，留有许多空隙，相互之间捆扎又不牢靠。风起浪涌，船在波浪中颠簸穿行，箱件在船舱内左右游荡，一会儿滑到左边，一会儿又溜到了右边，撞击声轰隆隆的，不绝于耳，加上风啸声、浪涛声和狗吠声——是少司令托舰长带往台湾的狗，诸种声音汇在一起，仿佛告诉你，世界的末日到了。

所幸没有发生意外，经历了 5 天的航行，顺利地抵达基隆港，箱件没有破损，文物安然无恙。到达基隆后，一箱箱文物卸下中鼎轮，在全副武装的宪兵护卫下，暂时存放于杨梅仓库。

第二批文物改由招商局货轮运输，不用军舰。招商局派海沪轮负责运送这批文物。故宫博物院计有 1680 箱，包括古物 496 箱，图书 1184 箱。这批文物，由那志良、吴玉璋、梁廷炜、黄居祥 4 人负责押运。1948 年 1 月 6 日，海沪轮驶离南京，3 天后，于 9 日驶抵基隆。

第三批文物还是由海军部派军舰承运。海军部派出的军舰是昆仑舰，比起中鼎轮要好些。故宫博物院的文物共计 972 箱，包括古物 643 箱，图书 132 箱，文献 197 箱。押运员是张德恒、吴凤培 2 人。这艘军舰不是专门用于载运文物的，沿途的许多港口都要停泊，在海上耗费的时间最长——1949 年 1 月 29 日驶离南京，到 2 月 22 日才抵达台湾，历时近一个月。

运往台湾的文物，只是南迁文物的四分之一，但它们都是精品中的精品。

那志良先生这样写道：

> 运台文物的箱数，与南迁箱数相比，以数量计，自然是仅有南迁箱数的四分之一；但是若以质计，则南迁文物中的精华，大部已运来台湾了。

图书方面，南迁图书善本珍本共 1415 箱，运往台湾的是 1334 箱，有 81 箱没有运往台湾。而留在大陆的 81 箱内，有 15 箱是空的，箱内的图书已全部提出，装入疏散到安顺的参加伦敦国际艺术的这批 80 箱之中，这 80 箱已在第一批运往台湾，也就是说，实际运往台湾的图书是 1349 箱。其余 66 箱，装的全部是藏经，共 170 余册。这 66 箱本来也随第三批文物运往台湾，运到下关时，因为太拥挤繁杂，军舰容纳不下，只好全部又退回。

存放在南京的重要图书，基本上全部运到了台湾，尤其是一些宫廷收藏的和特藏的大部头书籍，差不多都是完好无缺地全部运往台湾，包括《四库全书》文渊阁藏本，《四库全书荟要》御花园摛藻堂藏本，昭仁殿“天禄琳琅”藏书、宛委别藏、观海堂藏书、《古今图书集成》等。

《四库全书》始修于清乾隆三十七年，历时 10 年才修成，共计选定宫藏和地方进呈、进献书籍 3460 种，共 79339 卷，分成经、史、子、集四大部类，称《四库全书》。书成后，缮写了四部：第一部贮于紫禁城文渊阁，第二部存于沈阳文溯阁，第三部存于圆明园文源阁，第四部存于热河行宫避暑山庄文津阁，合称北四阁。后又相继抄录了三部，分贮于江苏镇江金山寺文宗阁、扬州大观堂文汇阁、浙江杭州圣因寺文澜阁，合称南三阁。又抄副本一部，收藏于翰林院。

《四库全书》共抄录了八部，各部的卷、册、种数、内容大体相同，只是略有差异。全书共 36078 册，分贮于 6144 函，共约 99700 万字。全书分成经、史、子、集四大部 44 类 66 子目，将先秦至清初的重要文献囊括于其中，以明代为最多。

文渊阁所藏第一部是《四库全书》中书品最佳、质量最上乘的一部，这一部全部运到台湾，分装了共计 536 箱。

《四库全书荟要》是《四库全书》的精华本，共选取 473 种书，抄成 19931 卷，分装 11178 册，共 2001 函。此书先后缮写了两部，一部最好的存放在紫禁城御花园东北角摛藻堂，另一部存于圆明园味腴书屋。这套《荟要》是备皇帝随时翻阅的，装订、装潢、函套较之《四库全书》更为精致和讲究，缮写的也更工整，书品更好。圆明园味腴书屋的一部分，毁于英法联军火烧圆明园，仅在的摛藻堂一部，全部运往台湾。

《四库全书》编纂完成后，又陆续从江南购得一批好书，由阮元呈进，收存于宫中，称为宛委别藏，又称四库未收书。这套丛书共 173 种，除部分刻本外，都是朱栏玉楮的精抄珍本，十分名贵，均不在旧版之下。宛委别藏收存在紫禁城养心殿，共 780 册，分贮于 103 函：每函红楠木书匣，匣上刻“宛委别藏”四字，经、史、子、集四部分别以绿、红、青、白四色区分，书衣也依类分成蓝、紫、红三色。

《古今图书集成》系铜活字本，全书1万卷，目录 40 卷，分 6 汇编、32 典、6109 部，分装成 5020 册，522 函。紫禁城文渊阁、皇极殿、乾清宫曾各存一部，这次 3 部全部运往台湾。

运往台湾的武英殿刻本图书 36900 余册，地方志 14200 余册，观海堂藏书 15500 册，《四库全书》36600 余册，《四库荟要》11100 余册，《古今图书集成》3 部 15000 余册，共计 15 万余册。

书画碑帖方面，南迁的都是晋唐以来的法书、名画、御笔、碑帖等，共计 9000 余册，仅其中御笔的，集中在一起的，共有 26 箱，共 2424 件。运往台湾的，共计 5458 件，包括法书 906 件，名画 3744 件，碑帖 290 件，缂丝 224 件，成扇 294 件。没有运往台湾的，实算起来仅有 200 件，而且大多数是清代大臣的作品。

瓷器方面，南迁时共计 27870 件，运往台湾的是 17934 件，数量虽不多，但全是精品。铜器方面，南迁数量是 571 件，铜镜 517 件，铜印 1646 件，合计 2789 件，而运往台湾的是 2382 件，只有 400 余件略次些的留在大陆。

文献方面，南迁时是 3773 箱，运往台湾的是 204 箱。

故宫博物院、“中央博物院”、“中央研究院”、“中央图书馆”、“外交部”五大机构的文物、档案运抵台湾以后，“中央研究院”的文物存放于杨梅，其余四机构文物存放于台中糖厂仓库中，四机构组成“中央”文物联合保管处统一管理。

1949 年 7 月 31 日，蒋家王朝成立“国立中央博物图书院馆联合管理处”，成立委员会，教育部部长杭立武任主任委员。

1955 年 1 月，联合管理处改组为“中央运台文物联合管理处”，颁发办法六条，分成四个组：故博组、中博组、电教组、总务组。11 月，改组为“国立故宫中央博物院联合管理处”。

1965 年，台湾的“行政院”在台北士林外双溪为故宫博物院和“中央博物院”选定了新址，盖好了屋舍，经研究决定，拨交故宫博物院。故宫博物院恢复原有机构，隶属于“行政院”，院内设院长一人，副院长二人，下设古物、图书二组以及总务处、会计室、出版室、秘书室、人事室等。

1950 年 5 月，台湾的“行政院”曾公布了故宫、“中央博物院”两院共同理事会名单，这是入台后的第一届理事会，理事长是李敬斋，理事杭立武任秘书，理事王世杰、朱家骅、傅斯年、罗家伦、上念台、余井塘、程天放任常务理事。每届任期两年。从第二届理事会起，王云五被推选为理事长，一直到第七届。

六

故宫盗宝案真相

1932 年 11 月 13 日，北平各大报刊突然在显要位置报道了一则爆炸性的特大新闻："故宫博物院第一任院长易培基涉嫌盗卖宫廷古物珍宝！"粗黑体的大标题，特别醒目。无疑，这是一则骇人听闻的特大新闻，北平哗然，中外震惊，国内外各大新闻媒体纷纷报道了这条消息。人们在震惊之余，不免感到惑然：这是真的吗？故宫首任院长盗卖宫廷古物，那不是全挑最好的？盗卖的古物珍宝在哪里？

感到最为震惊的无过于埋头于各项工作的故宫博物院的专家、学者和工作人员，他们首先是感到震惊，接着便是疑惑不解，再接着就是不相信——故宫博物院的所有宫廷文物，从保管、提取到装箱，都有一套严格的监督措施和工作制度，不可能会发生盗卖古物的事件；他们所熟知的院长是位有道德、有责任感的学者，绝不可能干这种卑鄙的勾当。

然而，事态的发展令人迷惑和惊骇，盗宝案也日渐明朗，所有的迹象都在表明：盗宝案是真的，易院长难逃其责！

冤案起因

事实是，这是一起旷世罕有的冤案，易院长蒙受了不白之冤，最后却因申诉无门，含恨而逝。这起盗宝案的起因，是故宫处理库存中多余而确实无用的物品。人们的印象中，宫里的东西都是真的，是最好的，这实在是个误解——由此导致的直接结果便是，每次故宫一处理物品，便会招致社会各界的关注，媒体兴风作浪，电话质询不断，从故宫成立至今，一直是如此；也正是因为这个误解，导致了法院封存了一些“假文物”，视为易院长盗卖古物的“罪证”，这场“冤案”得以成立。

故宫博物院成立后，一直由专家、学者带队，逐殿清点文物，而有相当数量的宫廷遗物不是文物，没有必要留存宫中——比如金砂、银锭、茶叶、绸布、药品、皮货等等，有的存放了数十年、上百年、几百年，必须要做处理。易培基 1929 年 3 月任故宫首任院长后，于 4 月 10 日便由理事会讨论后通过决定，将这些宫中遗物做价处理。故宫博物院呈请南京国民政府，很快获得了批准。

当时，院里各项业务和行政工作千头万绪，一时还顾及不到处理多余遗物。到 1931 年夏天，即国民政府批准处理多余物品一年以后，易院长指示由秘书处、总务处专人负责以招标和零售方式第一次处分宫廷遗物，出售了库藏数量最多、最占库房又不易保存的茶叶、绸布、皮货等。两个月后，故宫第二次处分库藏余物，包括金钞、金叶、银锭、药材以及英国英镑等物，两次处分宫廷无用遗物均很顺利。一年以后，即 1932 年 7 至 8 月，第三次处分宫藏金质器皿。先后三次出售，共售得 39 万元。

故宫博物院从清室善后委员会以后一直的传统是一切从文物着眼，一切为了文物的安全，这一原则至今还保留着。对待宫藏物品，先由专门委员做出鉴定，登记造册，再分类保存。即便是处分库藏无用的多余物品，也有一套严格的制度和监督措施：设立临时监察委员会，由多方人员组成，严格监督所有处分物品从库房到售出的全过程，每一件物品都要经过监察委员会仔细鉴定、点查、验收、放行。

故宫博物院理事会和专门委员会在确定处分多余、无用物品时，十分谨慎小心，反复讨论和界定“多余”和“无用”的范围，制定了处分细则，然后再按这些细则行事。原则上，即便是库存量极大，凡清文宗咸丰年间以前的所有金质器物，无论有无年款、纹布、残缺与否，都一律保留，不做处分；咸丰年以后的残破器皿，由监察委员会确认其价值，决定是否保留；所有凡是数量少、较罕见、花样特殊、质地独特的物品，均要保留。

据记载，故宫博物院工作细致，所有被确定做处分的物品，均分类造册，编号，留下样品，保存备档；售出的资金，一律存入指定银行，作为故宫博物院基金。每次处理完毕，都刊印《故宫博物院处分无关文史物品经过概况》，分送有关机关、机构备查。

1932 年 8 月 12 日，故宫第三次处分物品结束。仅仅过了半个月，8 月 29 日，一封匿名信便寄到北平政务委员会，信中指控易培基院长盗卖故宫古物。

这封匿名信无疑是枚重磅炸弹，人人感到震惊。消息不胫而走，很快沸沸扬扬，闹得满城风雨；新闻界一加入，更如火上浇油。

检举人是谁？故宫一些知道内幕的人士觉得，可能是崔振华女士，这一猜测也同样传得飞快。崔振华女士是位特殊的人物，精明强干，能呼风唤雨：她本人是国民党国民政府中央监察委员，她又是故宫博物院理事兼文献馆馆长张继的夫人。当时，故宫博物院主持院务工作的有三位常务理事：理事长李煜瀛，院长兼古物馆馆长易培基，国民政府中央监察员兼文献馆馆长张继。张继在故宫的身份、地位，可见非同一般。

故宫博物院的工作一直是被人看好的，尤其是那些有权有势的人物，都想把自己的子女、亲戚、家眷安排进故宫——这里有优美的环境，有丰富而珍稀的库藏，有永远稳定的职业，有可观的收入，谁会不想？女中央监察委员崔振华便先后两次介绍自己的人到故宫工作。负责此事的是院秘书处秘书长李宗侗，李宗侗出于全面的考虑，只接受了一个，另一个被拒绝。崔委员恼羞成怒，恨死了李宗侗，继而迁怒于易院长——李宗侗是易培基的女婿。

在这种情形下，崔振华写匿名信告发，是再自然不过了。

这仅仅是故宫人的猜测，谁也无法印证。

北平政务委员会收到匿名信后，迅速做出了反应，在两天后的8月31日便开会通过了三项重要决定：（1）呈请中央拍卖故宫古物，购买飞机；（2）责令故宫博物院停售古物；（3）派员到故宫博物院，查看处分物品全案，查实院存基金数目。

这时，易培基院长正在南京，故宫博物院立即将这一意外而万分紧急的情况急电告知易院长。易院长感到意外和震惊，他立即于9月1日，发急电给军事委员会北平分会代理委员长张学良，请张学良一定设法阻止北平政务委员会的贸然行动。易培基在南京积极活动，四处奔走，设法制止北平政委会的荒唐决定，北平各界也纷纷指责拍卖故宫文物购买飞机的荒唐之举，故宫博物院的专家、学者、工作人员也坚决抵制。这样，拍卖故宫文物购买飞机的决议流产。

监察院派员调查

但是，北平政委会的后两条决议很快得以实施。这年10月，南京国民政府通过决定，郑重派遣监察院监察委员周利生、高鲁等人组成调查组前来北平，进驻故宫博物院，调查处分物品情况。

一直被流言和传闻弄得晕头转向的北平人这才恍然大悟：原来盗卖案真有其事？这不立案调查吗？对此案已然麻木的故宫人也觉得心惊：原以为只是传言而已，不必当真，怎么国民政府还派调查组立案调查？人人都如入五里雾中，一头雾水。

调查了一月有余，监察委员周利生、高鲁仔细查看了处分物品、清册和一些宫藏文物。周利生随后召集了北平新闻媒体的记者，发表了重要谈话，谈话内容令记者们震惊——周利生指出，故宫出售金质器皿，是违反法令的，未经故宫理事会和中央行政院批准；其处理的金器大多是进贡宫廷的物品，成色很高，很有价值，而售价却极低；许多处理品，如金八仙碗等，都有历史、艺术价值，系文物珍品，不能出售。周利生最后宣布，他将以监察委员的身份，正式弹劾易培基。

11 月 13 日，北平各大报刊以显要位置报道了周利生的谈话，各大报刊显赫而令人震惊的标题都在无情地公布一个事实：故宫首任院长易培基盗卖故宫文物。

这一天，《申报》头版报道：周利生发表谈话，说这次与高鲁奉监院之令来到北平，彻查故宫古物，负有两项使命，一是故宫变卖物品手续是否合法，二是变卖时是否舞弊？倘不合法或舞弊，即实施弹劾，否则亦将调查事实真相公布社会，以释群疑，并征询各方意见，向中央建议保管古物妥善办法。

高鲁说监院的工作职能有两种，一是惩罚，二是预防。周利生、高鲁既公之于社会，又将实施弹劾，这在客观上就是表明，经过调查以后确认盗卖古物案属实。

一时之间，舆论大哗。

这个时候，故宫博物院理事兼文献馆馆长的张继来到北京，以古物保管委员会主席身份在怀仁堂召集北平各大文化机关、团体负责人，商讨古物保管办法、古物保管移出和北平建成文化城三大议题。11 月 14 日，张继召集记者，谈保存古物案，说中央组织北平文化执委会，正研究保存古物妥善办法。

一个月以后，1933 年 1 月 7 日，周利生、高鲁递交弹劾书，郑重向国民政府政务官惩戒委员会弹劾故宫博物院院长易培基售卖宫廷金器违法。弹劾书中，明确地说："关于盗卖古物一层，虽未查有确切证据，而出售金器一项，殊有违背法令之嫌。"

南京、北平众多报刊在显要位置报道了周利生、高鲁的弹劾书。各地报纸也纷纷转载，连篇累牍地报道此事，使这一事件与当时围剿红军并列为两大新闻焦点。

1 月 9 日，易培基面对舆论的种种非议、责难、谩骂、谴责，向国民政府递交了一份条理清晰的申辩书，叙述了故宫文物点查经过、多余物品处分过程等，阐明了自己的立场，申明了自己的清白，着重谈到了弹劾书中提到的金质八仙碗。他说：此碗等处分物品，都是残缺品，是经监察委员们认定之后才做处分的，确系制作低劣、无历史艺术价值之物，许多系近世之作，而其他的一些处分品，并非是进贡宫廷之物，而是清宫内务府制造的。

易院长强调指出，这些处分品定价很合理，各物均有标价可查，售出的款项全部充作故宫博物院基金，没有动用过一分钱用于发放薪水。

一波未平，一波又起。谁也没有料到后一波更为险恶，易培基院长惊得目瞪口呆。

1 月 11 日，北平《快报》记者谢振翮联合各报社记者 7 人，向北平地方法院检察处递交了一封联名检举信，检举故宫博物院院长易培基，存在有严重的违法行动，主要有：渎职，背售，图利，擅自出售宫廷金器、绸缎，私自伪造故宫文物账目等。

消息一出，舆论再次大哗。外国报刊、通讯社记者也关注此事，纷纷大量报道。

1 月 28 日，北平地方法院检察处接受 7 名记者的检举，立案调查，并郑重致函故宫博物院，通知故宫答辩："谢振翮等告发贵院院长渎职，请按所告各节，提出答辩书，函送本院。"

易培基院长感到十分愤怒，可不知道该如何发泄。各报刊的指责和问难铺天盖地，他感到有些难以招架，2 月 5 日，易院长在报上发表文章，逐项驳斥无中生有的指责，申明自己的清白。

北平地方法院对易院长没有及时提供答辩书感到不满。2 月 24 日，法院检察处再次致函故宫博物院，敦促立即呈交答辩书。易院长随之送上答辩书，逐项指出 7 名记者的所谓检举都是无中生有，是直接采自周利生的谈话内容，而周利生的谈话，本身就是“无稽之谈，附会牵强，以冀诬陷”。在这里，易院长首次很郑重地提出了“诬陷”。

北平地方法院觉得此事太重大了，有了故宫的答辩书，对 7 名记者也算有交代，便不再干预此事。然而，南京国民政府政务官惩戒委员会的加密急函却接踵而至，密函称：“周利生弹劾易培基事，经监察委员萧萱、于洪起、高一涵等审查，认为应付惩戒，要求被付惩戒人于文到两星期内提出答辩书。”

易培基愤怒至极，但没有办法，必须在规定的时间再次送呈答辩书。由于种种原因，易院长没能在两星期内提供答辩书，而是在两周后的 3 月 26 日寄出答辩书给国民政府政务官惩戒委员会。书中详述了故宫文物点查的细节，宫藏多余物品的处分办法，这件荒唐盗卖案的前后经过等，指出这次处分物品，均经监察委员会认可，并监督了全过程，手续严密，没有任何舞弊行为，更没有私自盗卖宫廷文物、伪造账目之事，所有处分物品标价合理，售出的款项全部充作故宫基金，并使用正当。

答辩书中，在谈到这笔款项的使用时写道：

> 时在日军逼近榆关、北平岌岌可危之时，为古物大举迁避，非有巨款不能成行……南运数至万箱，所用费用，财政部未出分文，纯赖此废金变价之数。

这件荒唐的故宫文物盗卖案，至此应该算是结束了。易院长的答辩全是事实，黑白如何能颠倒？

然而，无形中一只权力的巨手似乎一直在悄悄地控制着这个特殊的案子，随时都可能会风云突变。果然，5 月 1 日，南京最高法院检察官朱树森，带着办案人员书记员、法警一行人，突然来到故宫，俨然是最后宣判定案的架势。

瞬时之间，形势急转直下，故宫人都以为早该完全了结的荒唐盗卖案再次升温。人人都惊诧莫名，狐疑满腹。在国民政府中有相当地位、关系很广的易培基院长似乎也是无可奈何，忧心忡忡。

朱树森一入故宫，便马不停蹄立即调阅总务处处分物品账册、清单、收据，查看故宫装箱物品和文物，开庭审理，传询有关当事人询问记录。一连忙了几天，朱树森感到很有收获，带走了有关的资料、账目，并带走了故宫会计课长程星龄。

知悉内幕的人都在猜测，这一切全是在国民政府中关系网密布的张继、崔振华安排的，是他们夫妇在暗中操纵。人们不禁疑惑：张继先生不是故宫博物院理事会理事，兼文献馆馆长吗？这样给故宫抹黑，究竟为什么？

故宫博物院的理事、委员们都是社会各界知名专家、学者，他们对最高法院检察官朱树森的行为很反感，很愤怒，觉得朱树森这样不分青红皂白，进入故宫开庭审讯，这是对故宫理事和委员们的侮辱，是对故宫的污蔑和践踏。5 月 3 日，故宫理事们紧急集会，商议由德高望重的吴稚晖和故宫理事长李煜瀛 2 人出面分别给国民党主席蒋介石和行政院院长汪精卫就此事发拍密电，简明扼要地讲清这件事的经过，指出正当故宫珍品文物第五批南迁之际，最高法院派人进入故宫开庭侦讯，是不合适的。

密电中，这样写道：

> 顷有自称最高法院检察官朱树森以天津高等法院介绍参观函来院，而到院以后调查文卷账目，携带法警，传集本院职员，临时开庭侦讯，声称奉有秘令，不肯宣示案由。恐系前清余孽，蒙蔽最高法院，有意捏案控诉，以图阻止古物南运。恳迅予彻查，并告最高法院，勿为所蒙，以奄文物续运。

宫廷文物精品装箱南运，是当时国民政府确定的故宫博物院最最重要的事情。这封密电将朱树森调查盗卖案与古物南运联在一起，真可谓用心良苦，因为如果真的影响了第五批文物不能如期起运，恐怕最高领导层就会过问此事，这最高领导层的中心人物自然就是蒋介石，但这封密电因蒋不在南京而去了四川所以没有看到。

行政院院长汪精卫看到密电后，立即将密电转交最高法院检查署检察长郑烈，让郑烈处理，切勿影响文物南运，郑检察长马上发封急电给朱树森。朱树森已离开了所住的北平长安饭店，电报局便将此急电送至故宫，由故宫转交朱树森。

朱树森办完事后不再在故宫露面。故宫领导层读到了郑烈发送的明文急电内容，明白了这件盗卖文物冤案的一些内幕：神通广大的张继一直在南京操纵着此案，检察长郑烈是张继的好友，秉承张继之意直接插手这个案子，并很早就给此案定了性；吴稚晖、李煜瀛的密电郑烈已知其内容，电嘱朱树森缓办，切勿影响古物南运，以免蒋介石、汪精卫干预；让张继夫人崔振华介绍到故宫工作的尹起文到南京，显然是要进一步搜罗证据，策划陷害。

李煜瀛理事长、易培基院长恍然大悟，明白了张继是在借机报复，清算新仇旧账：当初研究故宫首任院长人选时，理事会曾推举张继为副院长，李煜瀛不屑于张继的人品，明白表示反对，易培基也反对，于是，1929 年 2 月，国民政府只宣布易培基为院长，张继没能任命为副院长；心高气傲的张继一直不满于理事和文献馆长之职，但只能忍气吞声；这次文物南迁，张继认为好机会来了，曾建议文献馆文献南迁由他主持，迁移费2万元由他支配，但秘书长李宗侗坚决反对，张继未能如愿，发财梦又遭破灭，张继能不对李煜瀛、易培基、李宗侗恨之入骨？

吴稚晖知此内幕，怒不可遏。国民政府曾任命吴稚晖为中央大学校长、监察院院长，他坚决辞却。不居官位的吴稚晖从不惧怕权势，更见不得有人以权势压人、欺人，制造冤案。朱树森没有看到郑烈发来的电报，没有带严起文回南京，崔振华便再次来到北京。

吴稚晖得讯后，拿着郑烈的电报去当面质问崔振华。崔在吴稚晖锐利的眼光逼问下，承认了是她写信检举易培基盗卖文物，恼羞成怒的崔振华叫嚷：易培基不下台，绝不罢休！

张继听夫人诉说了吴稚晖的举动后，十分恼火，不久便飞抵北平，闯到吴稚晖家，质问他为何对夫人无礼？张继明白告诉吴稚晖，盗卖文物案他管定了，请吴日后不要再插手。吴稚晖怒火中烧，责骂张继无耻，两人差点动手开打。

易培基被迫逃亡

第五批故宫国宝文物顺利南迁，运抵上海。

势力极大的张继完全左右了这起盗卖文物案，因为最高法院检察署检察长郑烈公开站在张继一边。1933年秋，李宗侗辞去故宫博物院秘书长一职。随后，易培基向南京国民政府行政院和故宫博物院理事会提出辞去院长之职。

10 月 15 日，故宫理事会接受了易的辞职，并同意由张继荐举的故宫古物馆副馆长、北大教授马衡代理故宫博物院院长。

被冤屈压得喘不过气来的易培基走投无路，提出反诉，送呈国民政府中央监察委员会、司法行政部、行政院等，详细叙述冤案经过，指斥检察长郑烈假借司法独立之权威，朋比为奸，贿买人证，蓄意构陷。易的反诉激怒了郑烈。司法独立，这件案子当然由南京最高法院定案，郑烈一言九鼎，于 1933 年 12 月 3 日下令通缉易培基。易培基哭诉无门，只好悲愤地逃进上海法租界避难。

再次提起公诉

南京最高法院随后派检察官莫宗友带书记官、法警会同江宁地方法院到上海突击检查故宫南迁文物，邀两名珠宝商人当场鉴定，请押运文物的故宫工作人员那志良参加。逐箱打开，据箱内的清册一一核对珠宝，凡是伪品、脱落、数量少于登记册的，一一登记在案，全部作为易培基等人的罪证。前后检查珠宝几个月，江宁地方法院检察官孙伟于 1934 年 10 月 13 日正式提起公诉。

1934 年 11 月 5 日，《申报》以显要位置，刊登了《故宫盗宝案起诉书》，副标题是：“江宁地方法院检察官起诉被告易培基、李宗侗等九人”。这篇专稿，开篇写道：“哄传全国之故宫盗宝舞弊案，已于上月十三日由江宁地方法院检察官提起公诉，兹觅录起诉书全文如下，以供关心本案者之参考。被告易培基、李宗侗、陈郁、萧瑜、崔夔邦、晏怀远、秦汉功、董琳、张淅稽。上开被告，民国二十二年度检字第6004号，为侵占、伪造、背售、妨害公务名誉一案，业经本检察官侦查完毕，认为应行提起公诉。今特将犯罪事实、起诉理由及所犯法条开列于后。”

起诉书“犯罪事实”部分，列举了易培基任故宫博物院院长期间，“盗卖文物”的具体事实，以及易培基同年任农矿部部长时期的“犯罪”情况。其“起诉理由”，分为六大部分，涉及故宫盗卖案的占三部分：古物珠宝、妨害公务、妨害名誉。

起诉书在谈到“古物珠宝”方面，起诉理由，称：“本院派员带同鉴定人，前往故宫博物院驻沪办事处所设库房，对于古物内珠宝部分逐件检验，验明假珠9606粒，假宝石3251颗；复查明缺少珍珠1319粒，宝石526颗；又将原件内拆去珠宝配件者，计1496处，并有缉米珠流苏及翠花嵌珠宝玉镯等类整件缺少者为数甚巨。查前项珠宝，均属清室御用品，当时极为珍重，凡属保管之人，责任至为重大，自无以假易真及私行盗取之理。”

如何认定盗取事实？起诉书称：

迄民国十三年十二月，清室善后委员会议决点查清宫物件规则后，即于翌年五月间开始点查，将各项古物逐件记载故宫物品点查报告，编订成册，其所列珠宝部分，对于上列各物，既未记载赝品及缺少字样，足见当日检查之时，并无发现赝品及缺少之事。已可断言，该被告易培基身为院长、李宗侗身为秘书长，当时曾制定各馆、处提取物品之提单，凡提取古物，均应用提单记明，然后根据该单将提取之物登载于提取物品册内，手续甚繁，用意极周，故各馆处具已实行，且出组提物时，秘书处尚派员会同办理，以示慎重。

独秘书处提古物既不用提单，载明品名，亦无各馆人员参加出组，所提之物，除出组时事务记载外（记载诸多含糊），另无簿册登载，及任何可以考查之处，任便长期存放于院长办公室之内，并无专人保管，而该柜钥匙，素即放置于该办公室桌上之小木匣内，亦无专人负责保管（见本院派员往北平调查报告），该被告等尽可乘此时机，私行盗取及以假易真，极为易易。

且查珠宝包封之内，如金字第 1540 号分号 1、2、4 等号曾签有黄色纸条注明假珠等字，但查纸条内黑色甚新，与同治九年收沈魁文等字样不符，其舞弊情形又可一望而知。可知上项掉换之品及缺少之件（内尚有折毁者）均为该被告等侵占入己，自属百喙难辞（上项证据，均详载本院派员赴沪调查笔录及附表又鉴定书及故宫物品点查报告、装箱清册等件）。

有了这些充分而翔实的认定，所以，起诉书在第一部分的犯罪事实中，十分明确地称：

易培基于民国十八年间充任故宫博物院院长，李宗侗充任该院秘书长，陆续将保管之珠宝部分盗取真珠 1319 粒、宝石 526 颗，以假珠掉换真珠者 9606 颗，以假宝石掉换真宝石者 3251 颗，其余将原件内拆去珠宝配件者计 1496 处。

起诉书中，“妨害公务”罪，起诉理由是：

被告易培基等所犯侵占、昔信等罪，证据极为确凿。关于故宫博物院舞弊之事，大为全国皆知。最高法院检察长本有举发犯罪之责，乃被告易培基不自悛悔，反行迁怒，竟编成《故宫诉案写真》一册，到处散发，并造蜚语，于二十二年十月十九日、二十日、二十三日及十一月二十二日、二十三日登载上海《新闻报》、天津《大公报》及本京《救国日报》《民生报》等，任意指摘，其对于公务员依法执行之职务公然侮辱，其情极为显然。

起诉书中，“妨害名誉”罪，则是指对故宫职工即崔振华介绍入故宫的尹起文名誉的损害：

> 查尹起文系故宫博物院书记，该院售卖皮货之时，曾经参与其事。当最高法院检察署派员前往北平调查，曾经传案询问，尹起文既为证人，当然有据实供述之义务。易培基、秦汉功、董琳、张浉稽等以其供述之不利于己，乃捏造事实，散发传单，并于二十年十月十九日登载本京《新民报》《救国日报》，任意指摘，其为毁人名誉，实为无可诿卸。

起诉书中，所列举的“犯罪事实”和“起诉理由”，乍一看，似乎很确凿、很充分。但是，细加分析，就会发现漏洞百出，因为，许多前提条件就弄错了，由此进行的推论再合理也是错的。其最显著的一个前提条件大错特错的是：故宫所藏一切物品都是真的、最好的。由这个前提推论出的结果，可想而知：如果发现有假的，那么就是你故宫院长的责任，这太可怕了。

事实上，故宫藏品中，确实绝大多数都是真的、最好的，但也有一些是假的，以次充好的。法院依错误的前提来推定所谓的“盗宝案”，将这次在上海清点的珠宝“赝品”和“缺少”部分，都算在易院长的头上，在此后清点书画、古物时也如法炮制，易培基的

“罪证”自然一大堆，百喙难辞其“罪”。

关于故宫所藏古物之中，是否有假物的问题，著名清史专家、故宫博物院研究员朱家溍先生谈得很透彻：

有不少人以为，皇宫内不可能有假东西，这是个误解。平时这种误解也无关紧要，可是法院以故宫无假物为前提，推断如果有假物即是易培基盗宝的结论，都是很大的错误。故宫博物院原藏物品，当然真的珍品太多了，可假东西也不少，不过在故宫的假东西，也有不同的等级……

它们是怎样进入皇宫的呢？自嘉庆以后的皇帝，道光、咸丰、同治、光绪都没有欣赏古代艺术品的修养，对于原有的书画珍品，他们并不看，当然更没有继续收进。遇到万寿节，各地督、抚、关差、织造等人例贡中搭配几件古字画，在贡单中开列出来一些大名头，例如元代的黄公望、王绂、吴镇、倪云林，明代的文征明、沈石田、唐寅、仇十洲等的假货摆样子。进贡的是外行，皇帝也不看这些，当初就束之高阁，西太后垂帘的时代更是如此。

故宫盗宝冤案第一次提起公诉的主要人物易培基、李宗侗走投无路、哭诉无门，只好逃入上海租界避祸。被传讯的只有两位职员，一个是在上海的萧乡沛，一个是在北平的刘光谔，两人分别被关押入狱。

最高法院，对于故宫装箱文物的检查始于 1934 年初，止于 1936 年 12 月，历时三年。继检查珠宝之后，又检查了书画、铜器、铜佛、玉佛等项；1934 年初至 1936 年 4 月在上海检查，1936 年 5 月至 1936 年 8 月在北平，1936 年 9 月至 12 月再次在上海检查。南京最高法院最后认为有疑问的都被一一封存起来，包括书画 594 号、铜器 218 号、铜佛 101 号、玉佛 1 号以及上述珠宝部分。

书画方面向来真品、伪品争议最大，也最不易确认，法院只请著名画家黄宾虹先生一锤定音。法院将所有赝品、伪作和有疑问的文物，都算作易培基盗宝罪证，计上海存放的南迁文物精品书画、古物封了共 11 箱，北平书画、铜器等封了共 51 箱存贮于东六宫之一的延禧宫和太庙。

南京最高法院，搜罗完"罪证"之后，着手定罪。

1937 年 9 月 30 日，由江宁地方法院检察官叶峨第二次对易培基、李宗侗、吴瀛 3 人提起公诉，主要侧重于书画和铜器、佛像方面的"犯罪事实"。法院将上述 60 余箱"罪证"文物，单独封存，作为定罪依据。法院认为：清乾隆皇帝是位很有艺术品位和艺术修养的皇帝，乾隆以前的宫廷古物大多已品定，见于《秘殿珠琳》和《石渠宝籍》等的记载，不应还有什么赝品；再经过清室善后委员会书画等方面的专家鉴定，更不应还有什么假冒伪作，出现这60余箱有问题的文物，不是主管院长盗卖、更易还能是什么原因？

易院长抱恨而终

遍查当时的报纸，几乎都是抗日战争方面的报道，没有登载第二次起诉书。原来，这份起诉书只载于国民政府行政院刊印的《易培基等侵占故宫古物鉴定书》中，实际上这就是国民政府对此案的最后认定。易培基申诉无门，怒愤交加，终于卧病不起，并在第二次公诉前8天的9月22日死于上海，可谓抱恨而终，时年58岁。

临终前，易培基在带病写了一份遗书，请国民党资深元老吴稚晖转交国府主席蒋介石和行政院长，提出的最后请求是："故宫一案，培基个人被诬事小，而所关于国内外之观听者匪细。仰恳特赐查明昭雪，则九幽衔感，曷有既极！垂危之言，伏乞鉴察！"

但是，易培基至死都没等到昭雪。

易培基的后事，由老友吴稚晖和好友吴瀛的女儿料理。后事的办理极为简易，没有生前的友人一一送别，没有亲人和同事的花圈，没有仪式。好友吴稚晖老泪纵横，堂堂故宫博物院院长，这样一个好人，却被诬陷至死，自己竟无法为老友昭雪！吴稚晖又悲又愤。他慢慢地研好墨，铺上一方细心挑选的宣纸，饱蘸浓墨，写下了一副挽联，伤心痛切地哀悼好友易培基：

> 最毒悍妇心，沉冤纵雪公为死；
>
> 误交卖友客，闲官相攘谋竞深。

1947 年末，张继去世。

1948 年 1 月 9 日，南京最高法院宣布：“李宗侗、吴瀛，1937 年 1 月 1 日，已免予起诉；易培基，因死亡而不予受理。”

至此，一场历时 16 年之久的冤案，不了了之。

1925 年 1 月，北平人那志良先生就加入清室善后委员会，一直供职于故宫博物院。南京最高法院检查存放于上海的故宫文时物，那志良就是故宫方面的代表。他在《故宫博物院三十年之经过》一书中，谈到此案时，这样写道：

> 在文物南运前后，故宫博物院院长易培基被人检举有侵占古物嫌疑，经法院派检查官到院检查，检查经年，结果是提起了公诉。关于易院长究竟有无侵与情事，不便有所论列，不过在故宫博物院的立场言，这是故宫博物院的损失：
>
> 1. 自从此案发生，闹得全国人民都知道有所谓故宫盗宝案，国际间也把这事引为笑谈，倘若易先生真有此事，那末易

先生便是故宫博物院的罪人；如果没有这回事，而闹得乌烟瘴气，使故宫博物院的院誉，受到重大影响，那不更是故宫博物院的损失吗？

2. 法院检查相当仔细，珠宝一项就封了许多，都是认为有侵占嫌疑的。不过，像珠宝这种东西把它封起来，封它几十年也没有关系，最可惜的是那些书画了。法院检查书画，请了一位黄宾虹任鉴定，法院根据他鉴定的结果，认为是伪的法院便另封起来。可是，书画的真伪，有许多解释……另封的结果，这些画不能每年得到一次的晒晾，不能随时检查，不能时常加放防虫药品，而这次文物运台也不能随同运来。这一批书画，如果完全是赝品倒也不足惜，可惜有的书画是蒙冤了。

1966年，那志良先生在台湾商务印书馆出版著作《故宫四十年》，书中称："关于这事，在我的立场，不便多所论列，内幕如何，我也不知道究竟是怎么一回事，只好就这样糊涂下去吧。"

故宫博物院的资深史学专家朱家溍先生，在抗日战争胜利后，就从四川回到北平故宫博物院，曾在存放易案盗卖物证的延禧宫中负责整理、编目。1949年，故宫马衡院长派朱先生主持古物馆馆务，朱先生建议马院长，将封存的易案物证开箱看看。逐箱看过以后，绝大部分都是一望而知的假东西，无须专家鉴定。但故宫工作人员都能看出，这全是故宫原存的，都载于《故宫物品点查报告》，物品上还粘有点查原黄签，签上书入库年月、档号。

朱家溍先生说："这是有凭有据的故宫原藏的物品。……在绝大部分次品假货中也有真的国宝，这是黄宾虹先生看走了眼，有宋徽宗《听琴图》、马麟《梅花图》，就是这次我发现的，立刻把这两件宝物陈列在钟粹宫绘画陈列室。"

朱家溍先生在谈到这场盗宝案时，这样说：

所谓易培基盗宝案，本是莫须有的冤案。法院封存物品，实际是不同派系暗斗的步骤。因为起诉已经几年了，证据不足，不能构成犯罪，于是由法院请专家鉴别故宫博物院藏品有没有假文物。这一种分析逻辑的前提是认为故宫藏品根本不存在假的，所以，如果发现假的，那么，当然就是易培基抵换过的。

七

伦敦国际艺展令世界惊叹

在英国伦敦，举行过法国、德国、意大利、比利时等多次国际艺术展览会，每次都十分成功。

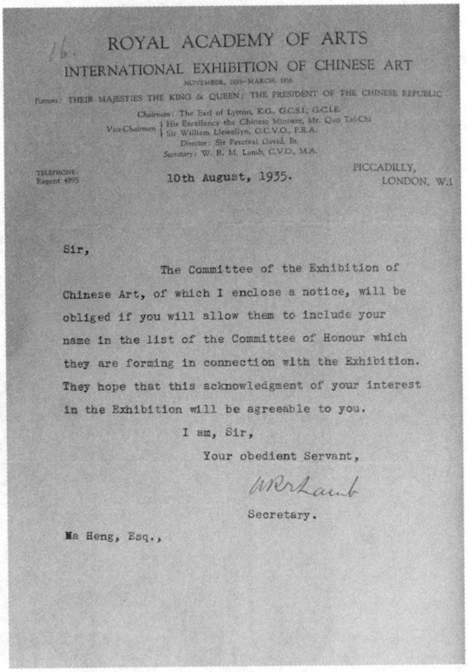
16.

ROYAL ACADEMY OF ARTS

INTERNATIONAL EXHIBITION OF CHINESE ART

NOVEMBER, 1935–MARCH, 1936

Patrons: THEIR MAJESTIES THE KING & QUEEN; THE PRESIDENT OF THE CHINESE REPUBLIC

Chairman: The Earl of Lytton, K.G., G.C.S.I., G.C.I.E.

Vice-Chairmen: His Excellency the Chinese Minister, Mr. Quo Tai-Chi; Sir William Llewellyn, G.C.V.O., P.R.A.

Director: Sir Percival David, Bt.

Secretary: W. R. M. Lamb, C.V.O., M.A.

TELEPHONE: Regent 4895

10th August, 1935.

PICCADILLY, LONDON, W.1

Sir,

The Committee of the Exhibition of Chinese Art, of which I enclose a notice, will be obliged if you will allow them to include your name in the list of the Committee of Honour which they are forming in connection with the Exhibition. They hope that this acknowledgment of your interest in the Exhibition will be agreeable to you.

I am, Sir,

Your obedient Servant,

W R M Lamb

Secretary.

Ma Heng, Esq.,

参加英国伦敦国际艺术展，这是伦敦艺展会秘书致故宫博物院函件

几位酷爱中国艺术品的人士认为，如果在伦敦举行一次中国艺术展，一定是一件轰动世界的盛事，让世人一睹数千年文明古国中国的艺术品的风采，一定会让世人叹为观止。

他们计划的这个中国艺展，全称是“伦敦中国艺术国际展览会”，时间定在 1935 年冬至 1936 年春天，展览地点确定在英国伦敦皇家艺术学院，展览的内容是将世界各国博物院所收藏的中国艺术珍品和各国各地收藏家

参加英国伦敦国际艺术展，这是上海预展会现场，朱德明摄影并题记："晒晾书画的又一幕。我穿短衣，拖破鞋，活像一个小工的样子。"左前是那志良

参加英国伦敦国际艺术展，这是上海预展会现场，朱德明摄影并题记："这也是晾晒书画的工作情形，所坐的就是装古物出国的箱子。"

所收藏的中国艺术精品尽量全面的搜罗、征集，集中搞一次大型中国艺展。

举办者抱着着试试的态度，向中国驻英大使馆接洽此事，希望中国政府能全力支持这项有益的工作，选提一部分文物艺术珍品参加这次中国艺展。国民政府驻英大使馆很热情地接待了举办中国艺展的代表，答应尽快给予答复，并称赞这是一项十分有益的工作，中国政府会给予全力支持。

果然，国民政府在抗击日寇侵略的艰难时期，为了扩大中国在国际上的影响，毅然决定全力支持在伦敦举办中国艺术国际展览会，并确定由故宫博物院具体负责选取部分宫廷艺术珍品参展。

宫廷文物艺术精品参加伦敦国际艺术展，这一爆炸性新闻立即引起了全社会的哄动，人们议论纷纷，莫衷一是，无非是有赞成的，有反对的。

文化、教育界的专家学者和社会知名人士也是意见不一致。持谨慎态度的人认为，将国宝通过轮船，远涉重洋运到那么遥远的大西洋岛国去参加艺展，实在是一件不可想象的事，一旦发生意外，将无颜面对国人，无颜面对列祖列宗。持反对意见的人，干脆认为，在抗日战争如此艰难的阶段，应集中财力、人力、物力，全力以赴地投入抗日，根本就不应参加什么国际艺展！而且，日本的航空母舰、战舰在中国沿海和南部海域横行，一旦有什么意外，谁能负其责?

持肯定意见的认为：中国文化在世界上是最古老的文化，在世界文明中占有重要的地位，但世界上许多人都不了解中国，是因为宣传太少了。除了到中国来的外国人知道一些之外，外国人很少知道中国文化和中国艺术；他们只知道中国很古老，有很久的历史，别的则茫然不知。这次在伦敦搞中国国际艺展，正是一次绝好的机会，可以借机宣扬中国的文明，将中国的艺术和文化展示给世界。政府方面持肯定意见的占多数，文化、艺术、教育界方面，持肯定意见的也占绝大多数。

故宫博物院理事会接到国民政府的指示后，开会专门讨论此事，基本上肯定了这项活动，认为很有必要选取宫廷艺术珍品参展!

故宫博物院理事会随之确定了五项原则：一是这次参加国际艺展十分重要，是一次国际宣传的大好时机，选取艺术精品参加，势在必行；二是出于文物安全的考虑，也为了消除所有人的担忧，与英国方面接洽，由英国海军军舰负责载运、护送；三是由故宫博物院选派经验丰富的专家学者和职员选取艺术精品，自行装箱并全程负责装运、护送、展览陈列和归国工作；四是选取的艺术精品在出国之前全部先在上海这个国际大都市展览一次，大造声势，展览结束回国后再在南京展览一次，以取信于国民，也让国人一睹精品风采；五是立即成立筹备委员会，全面负责这项工作，并由教育部主

参加伦敦国际艺术展，中国文物箱件装上萨福克号军舰情形一

参加伦敦国际艺术展，中国文物箱件装上萨福克号军舰情形二

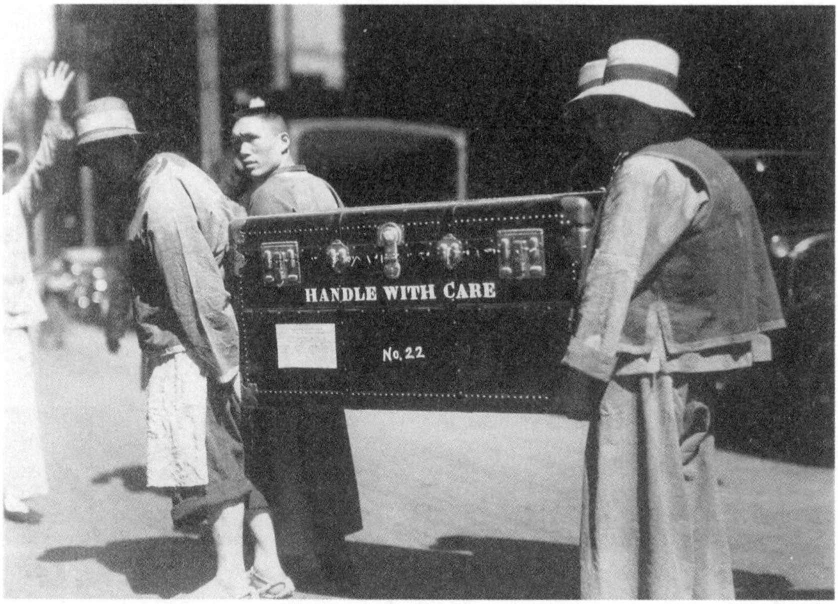

参加英国伦敦国际艺术展，中国工人搬运文物箱件，箱子上英文：小心轻放

参加英国伦敦国际艺术展，中国工人将文物箱子抬上载重汽车

持其事。

中国驻英大使郭泰棋先生将中国政府的意见告知举办者，举办者喜出望外，立即确定此次展出，以宫廷艺术精品为主，组织机构也相应全面变更，由中英两国政府联合监督举办，两国元首为伦敦中国艺术国际展览会筹委会监理，两国最高行政长官为名誉会长，两国朝野知名学者、名流和驻英各国外交使节为名誉委员，由中英双方公推李顿爵士任理事会理事长，副理事长、理事中英双方各占一半。

1934 年 10 月，伦敦中国艺术国际展览会中国筹备委员会正式成立。

参展艺术珍品

中国筹备委员会成立以后，立即展开工作，并确立了六条工作方针：一是参展单位以故宫博物院为主，其他博物院、馆也可选精品参加，私人收藏家也可报名参展；二是参展艺术品包括书画、瓷器、玉器、铜器、古书、珐琅、织绣、剔红、家具等诸门类，参展单位先初选本单位所藏艺术精品，再由筹委会聘请专家成立审查委员会进行复选，最后再由英方派来的鉴定人员共同商定后确定参选展品；三是所有选定的文物精品，要逐件摄影，洗印照片每件 3 份，一份送行政院备案，一份由出品单位或个人收存备查，一份随文物出国备查；四是选定的精品，都细加整理造册，书画等有破损的要加以修补，器物等缺坐垫的一律配齐坐垫；五是所有参展精品，一律做统一的囊匣存贮，以避免伤残磨损，囊匣用厚纸板做成，匣内按所存文物的造型、尺寸等做成软囊，外面再罩上一块黄绸，文物严丝合缝地放在匣内，柔软，有弹性，但又无法移动，所有匣外再用故宫博物院所藏宫中所用织金缎子做面，显得古朴典雅，雍容华贵；所有参展艺术精品出国之前，于 1935 年 4 月，先在上海展览，地点定在上海外滩中国银行。

故宫博物院对于参加这次伦敦中国艺术国际展览会十分重视，从 1934 年 10 月便开始筹备运作这项工作。当时，点收工作正在上海、北平紧张地展开，由于这项工作更为重要，便一切优先，从北平调出大批专家、学者和职员参加，积极选取精品，细加审查和鉴定，送交审查委员会复审。

1935 年春，英方鉴定人员来到中国，与中方代表几度复选、商洽，最后确定了参展艺术珍品共计 1022 件，其中，故宫博物院所藏宫廷文物精品最丰富，共计 735 件，其余依次为中央研究院 113 件，私人收藏家张乃骥 65 件，北平图书馆 50 件，古物陈列所 57 件，河南省博物馆 8 件，安徽图书馆 4 件。

从吴淞口到伦敦

伦敦中国艺展中国筹委会细致讨论并通过了中国参展文物出国

参加英国伦敦国际艺术展，中国文物箱子由上海仁记路艺术展库房装上载重汽车，中国工人搬运文物

参加伦敦国际艺术展，中国文物箱件装上萨福克号军舰，中英人员与舰长合影：左四马衡，左五特派员郑天锡；右二庄尚严，右四唐惜芬

参加伦敦国际艺术展，中国文物箱件装上萨福克号军舰情形

期间保管的有关事项，确定由行政院特聘郑天锡先生任特派员，全面负责文物的安全；由教育部选派唐惜芬先生任英文秘书，负责办理所有交涉事宜；由故宫博物院选派庄尚严先生任中文秘书，同时负责运英文物的保管、护送、陈列、归国；故宫博物院选派傅振伦、宋际隆、牛德明、那志良任展览会中国艺术展品助理员，专门负责保管和陈列中国参展文物。

英国政府很重视这次中国国际艺展，答应了中国方面的要求，派综合战力很强的海军舰艇萨福尔克巡洋舰全权代理载运中国艺术精品赴英。

参加英国伦敦国际艺术展，中国文物箱子由上海仁记路艺术展库房装上载重汽车

参加伦敦国际艺术展，在英国皇家艺术学院，中国文物开箱点验，此为中英双方工作人员，从左至右：庄尚严、特派员郑天锡、大维德爵士、陈维诚参事、英国海关关员、王景春博士、傅振伦

英国海舰萨福尔克巡洋舰如期驶抵上海港。

1935年6月6日，故宫博物院将参展的宫廷艺术精品全部装好箱，从上海库房中一件件提出，装运到上海招商局码头，然后在军警的严密警戒下装上萨福尔克巡洋舰中。舰长曼纳斯先生是位十分敬业的人，他有着绅士的风度，也有绅士视为生命的荣誉感和英雄主义精神，他对待工作的兢兢业业和一丝不苟给中国随行人员留下了深刻的印象。

一箱箱中国精品文物装上了巡洋舰，舰长曼纳斯先生亲自检查。他发现，这些箱子虽然结实，内中的文物也不会发生碰撞，但箱子就这么堆放在舰上显然不合适，有安全隐患，一旦遇上大风浪，舰体倾斜，后果就会不堪设想。舰长建议，为了安全起见，用原木板夹住箱子，固定好，再用粗绳严密捆扎结实，密固在舱里，使箱件在任何情况下都不会自行移动和摇晃。中国方面当然同意。文物精品入舱加固以后，舱门加封、上锁，由舰长指定一人掌管钥匙，每天中英双方一同仁舱查看一次。

6 月 7 日，16000 吨的萨福尔克巡洋舰顺利地开出上海港，三声汽笛长鸣，算是告别。教育部选派的英文秘书唐惜芬和故宫博物院

参加伦敦国际艺术展，在英国皇家艺术学院。工作人员合影，后排左起：傅振伦、牛德明、那志良、庄尚严

参加伦敦国际艺术展，在英国皇家艺术学院。牛德明摄影题记：“伦敦中国艺术国际展览会之唐及五代艺术陈列室，陈列布置将毕时情景”

1935 年 12 月 4 日，牛德明摄影题记：“伦敦中国艺术国际展览会之商、周艺术陈列室布置之状况”

选派的中文秘书庄尚严两位先生随舰押运文物。装运文物的萨福尔克巡洋舰起运以后，参展的故宫博物院助理员傅振伦、宋际隆、牛德明、那志良乘坐意大利邮轮随同前往。

启舰那天，天空有些阴沉，海上有小型台风在肆虐，许多船只因天气恶劣而被迫躲进避风港。萨福尔克巡洋舰不惧风浪，毅然破浪远行，留下一长串白色的浪花，看上去如一条白绸带飞向遥远的天际。

萨福尔克巡洋舰开出吴淞口后，加足马力，一路乘风破浪。但是，台风越来越大，巨浪一浪高过一浪，有吞没巨舰之势。很快巡洋舰有些抗不住了，台风摇撼着巨舰，舰体开始颤抖、颠簸和摇晃。曼纳斯舰长沉着冷静，一方面请中文随员放心休息，说不会有任何问题，一方面从容不迫地指挥巡洋舰破浪前进。

舰体着实摇晃得厉害，小山般的大浪铺天盖地，席卷而来，瞬息而去。中文随员听从舰长的指挥，一一入舱就寝。但是，谁能人睡？如此险恶的风浪，会不会大舰倾覆？如此众多的艺术精品会不会毁于一旦，沉没海底？忧心忡忡的随员们将惊疑的眼睛投向窗外，窗外依旧恶浪滚滚。随员们哪有心思考虑自身的安危？恶心、呕吐开始纠缠着他们，巨大的颠簸更加重了呕吐，吐出一摊摊杂物，一摊摊水，仿佛连胃汁、连肠胃都要吐出来似的。

中国随员们恍恍惚惚，从噩梦不断的昏睡中猛然醒来，惊出一身冷汗：我这是在哪里？漂在海上？还是葬身在鲨鱼的肚子中？随员们从蒙胧中渐渐清醒过来，揉揉眼睛，互相惊讶地看着，那眼神仿佛还在问：我们还活着？

这已经是第二天的凌晨。随员们将惊疑的目光再次投向窗外，只见排山倒海般的巨浪依旧接连不断地向舰只涌来，其声势超过了昨天，其哗啦啦的巨响犹如一只巨兽正将猎物的身体一块块撕碎和吞噬。惊魂甫定的随员们摸摸自己，身体好好的，没有一丝一毫的破损，再拍拍舱体，一切完好无缺。巨大的巡洋舰似乎比昨天更加勇敢，更趋威猛，正神力冲天、剽悍无畏地冲向扑来的山头一般的大浪，将浪头击得粉碎，飞驰电掣般地前进。

中国随员们心中叹服，真是一艘神勇无敌的巡洋舰！这样的恶浪都能视若无睹，还何忧之有？！

萨福尔克巡洋舰摇晃了一天，于夜间抵达九龙港，在九龙港要稍事休息。众人走下舰只，在海边散步，这才发现，身下的两只脚哪里是自己的，没有什么感觉！过了好一会儿，才慢慢觉得，脚下好似踩了一大堆棉花，松松软软的，浑身则如同散了架。大家跺着脚，开玩笑地说：照这样摇到意大利，恐怕命都没了，还能见到伦敦的大雾和美人？！

次日清晨，萨福尔克巡洋舰从九龙港启舰。令中国随员们惊奇的是，海面上无风无浪，波平如镜。此后数日也一直一帆风顺，再

参加英国伦敦国际艺术展，这是上海预展会现场，瓷器陈列室

参加英国伦敦国际艺术展，这是上海预展会现场，书画陈列室。正面为郎世宁两幅画：一为山水，一为瓶花。

参加英国伦敦国际艺术展的中国文物，隋开皇年间弥陀佛造像

也没有碰到恶劣的天气，也没有遇上日本鬼子和劫匪。舰内的娱乐项目五花八门，大家都兴致很好，心情十分愉快。航行一一驶过新加坡、锡兰、印度孟买等地，每到一个地方，中国随员们便结团一同上岸游览，看尽各地风物人情，浏览各处古迹胜地和优美的风光。

萨福尔克巡洋舰航行了 23 天以后，终于顺利地抵达意大利威尼斯，结束了这次的出国航行。

从威尼斯改乘火车专列，经过瑞士驶抵法国两岸，来到了大西洋岸边。从法国西岸改乘轮船渡过英吉利海峡，然后再改乘汽车直抵终极目的地伦敦。7 月 25 日由英国英格兰岛的朴次斯军港通过汽车运抵首都伦敦，送入皇家艺术学院库房。

参加伦敦中国艺术国际展览会的艺术珍品在规定的时间内顺利运到伦敦。

1935 年 9 月，开始逐一审查，鉴定所有参展艺术品，确定名称、时代、质地、品质等项，写出简要的说明，汇总之后编成展品目录。

参加英国伦敦国际艺术展的中国文物，天龙山唐代造像

因为参展艺术品太多、太杂，经过反复商议，决定选出3080件艺术品参展，其中中国方面送展的艺术品占三分一强，共786项，857件；故宫所送选的展品基本上全部入选，被剔出的中国送展展品是瓷器1件、织绣6件、书画19件，张乃骥玉器19件、北平图书馆古书27件、中央研究院古物93件，共165件。

展览会从1935年11月28日开幕，至1936年3月7日结束，历时近4个月的时间。伦敦各大报刊媒体做了大量的专门报道，观众十分踊跃，车水马龙，引起了极大的轰动，人们很惊叹中国艺术品的古雅精美，觉得珍品如此典雅，真是出乎人们的意料。

艰难的回国之路

1936年3月7日，伦敦中国艺术国际展览会顺利闭幕。

从3月9日开始，中国参展艺术精品开始陆续装箱，准备回国。到 19 日，忙了整整 10 天，才最后全部装箱完毕。

故宫博物院四位助理员傅振伦、宋际华、牛德明、那志良先行离开伦敦，顺道到欧洲旅行，从法国到瑞士到意大利，再在那不勒斯港乘坐意大利邮伦回到中国。

中国所有参展文物装入 80 只特制的铁箱中，共计 1022 件文物，一件也不少。去伦敦时由英国海军巡洋舰一路护送，回国时，被告知没有军舰护送。怎么办？展览筹委会只好租用美国邮轮蓝普拉号装运，由英国海军军舰分段护送。

参加英国伦敦国际艺术展的中国文物，易州唐三彩陶罗汉像

1936 年 4 月 8 日，80 箱参展文物装上美国邮轮蓝普拉号邮件舱中。4 月 9 日，邮轮驶出英国伦敦乔治五世港，踏上了艰难的回国之路。

何谓艰难？就是指很不顺利，尤其是在直布罗陀海峡遇险的一幕，一直令中国随员们心惊肉跳，心有余悸。

那是 1936 年 4 月 14 日，驶离伦敦的第 5 天，邮轮在大西洋顺畅地航行，直抵直布罗陀海峡。意外的事情发生了，先是狂风怒吼，狂躁的热风

参加英国伦敦国际艺术展的中国文物，周礼器

卷着排山倒海般的巨浪向直布罗陀海峡外海涌去，强大的海风使处于外海的船只无法进港。蓝普拉号邮轮别无办法，只好在港外抛锚停泊，暂避风浪，打算等风浪平息后再入港通过。

但是，大风大浪刮了一天之后，夜晚的风浪仍没有减弱，蓝普拉号邮轮被摇晃得东倒西歪，险些被恶浪撕碎。第二天清晨，风平浪静，被折腾得精疲力竭的人们刚松一口气，却意外地发现：邮轮由于严重搁浅，无法动弹了。

蓝普拉号邮轮牢牢地搁浅在一片沙洲之中，船长、船员们竟毫无知觉，可见一夜的狂风恶浪是何其肆虐。英国海军立即出动两艘军舰前来拖船，仍然动弹不得。就这样，在沙洲上艰难而困苦地搁浅了三个星期，邮伦还是没有一点松动。船长别无良策，只好请客人下船，船上的货物也卸下3000吨，然后，由5艘英国海军军舰用钢索将蓝普拉号邮轮强行拖下水，这才脱离了沙洲。

中国艺术精品到伦敦参展，反对的声浪一直没有平息过，流传得最吓人也是令人惊恐和愤怒的传闻是：展示是名目，是借口，实际上是卖到外国！

直布罗陀海峡意外的一幕，被许多媒体从不同侧面宣传报道以后，更引起了国内的一片恐慌，人们不敢相信这会是真的：一千余件艺术精品，会流失国外？

法国报纸幸灾乐祸地报道说：为外国借款的担保，要把故宫文物押收，所以故作搁浅。法国记者如此半戏谑地大笔一挥，从成稿到发表，到是十分轻松。这条消息一刊出，各大报纸纷纷转载，一时舆论大哗。中国国内的组织者闻知这这一报道后如坐针毡，像一群热锅上的蚂蚁，惊慌失措。

那志良先生这样描述：

在船上押运的人，并未感到事态有什么严重。但这个消息，经一位法国记者报道出来，加以渲染，国内负责人员便急得不得了，打了几个电报去追问。报纸上把这个消息一披露，谣言也跟着起来，说这些古物，本来就是抵押借款的，船的搁浅，是玩的把戏，为什么别的船不搁浅，单单运古物的船搁浅呢？幸而不久有电报来，说船已脱险，继续航行，谣言才告平息。

中国参加伦敦艺展的艺术品1022件由蓝普拉号邮轮顺利地运回中国，全部丝毫无损。

全部文物直接运到首都南京。

1937年6月1日，按照事先的约定，在南京考试院明志楼，搞了一次伦敦参展艺术品展览，历时3个星期，观众反响强烈。

八

三希国宝颠沛流离

三希堂，位于紫禁城养心殿西暖阁，南窗最西边的小屋，原名温室。乾隆十一年（1746 年，丙寅），乾隆皇帝在这里收藏了三件稀世之宝，即晋王羲之《快雪时晴帖》、其儿子王献之《中秋帖》、其侄子王珣《伯远帖》，因此，赐名“三希堂”，因此，改名为三希堂。

三希堂中的三希，一直是世间文人墨客关注的目标。

三希之第一希，是王羲之《快雪时晴帖》。

1911 年，末代皇帝溥仪退位。溥仪居住在紫禁城北部，称为小朝廷。溥仪长大后，一心想复辟帝制。为了筹措经费，他想变卖宫廷国宝。王羲之《快雪时晴帖》，装裱成巨册，不方便携带，不便出宫，所以，溥仪放弃了变卖此帖。

不过，1924 年，溥仪拟将王羲之《快雪时晴帖》，以 40 万做抵押，抵给美国花旗银行，后来，因为种种原因，未果。

1924年，溥仪被驱逐出宫。清逊帝溥仪很喜爱这件国宝，特地将它带在身边。1924年11月4日，溥仪仓皇出宫时，携带此宝，被守军禁卫从行李中搜出没收，留在皇宫。

1925年10月，故宫博物院成立，此宝归故宫博物院所有。

1933年，故宫珍贵文物装箱南迁。南迁文物之中，包括此帖，辗转千里，经过10年颠沛流离，转辗数千公里，最后，这件国宝运往台湾，现收藏于台湾故宫博物院。

事实上，清宫遗留下来的晋人书法珍品，并不是晋人的真迹，而是唐人临摹晋人的作品。台北故宫博物院收藏的清宫珍贵墨迹，主要有两部分：一是唐人临摹晋人的墨迹，一是唐代文人的真迹。最有名的珍贵书法作品，就是晋王羲之《快雪时晴帖》《远宦帖》和《平安、何如、奉橘三帖》等，均为唐人临摹品。

三希之中，另外二希，王献之《中秋帖》和王珣《伯远帖》，则命运多舛，辗转流传。

1924年溥仪出宫以前，《伯远帖》《中秋帖》一直收藏在寿康宫，由敬懿皇贵妃所有。溥仪出宫之时，敬懿皇贵妃将此帖秘密携带出宫。后来，经由她娘家侄孙卖给古玩商人，辗转卖给大收藏家郭世五。

书画家张伯驹先生称：

王献之《中秋帖》与王珣《伯远帖》两件墨迹，乃三希中

20世纪30年代之张伯驹

之二希，是溥仪在天津时售出，不知何时归郭世五。解放前夕，一度为财阀宋子文据有，民间因之愤愤不已，一时风声很大，不得已退还郭家。

郭氏原为琉璃厂古玩商人，善于经营，有理财管理能力。袁世凯登总统宝座，继之洪宪丑剧出场，郭氏都是他的总务局长，颇受青睐。为洪宪专门在景德镇烧制几窑洪宪官窑，美仑美奂，破费民间资财，不知凡几，而郭世五本人因此大发其财，成了显赫人物。其后人多财善贾，衣钵相传。后来，从事银行业务，在华北伪政权时期地，也发了一笔财。

抗战胜利后，摇身一变，投靠国民党财阀宋子文，于是，用二希为觐见礼。丑闻终于暴露，故一时风波大作，全国上下舆论哗然。在无法掩饰下，只好将原物归还郭家。

1949 年前后，中国古代许多珍贵文物流散到香港，其中，有许多是稀世国宝。世界各大文物机构、公私收藏家和文物贩子，纷纷聚集在香港，他们携带大量现金，千方百计打听文物的下落，随时准备收购文物。

这样，在香港的许多珍贵文物，成为世界各地文物贩子抢购的对象。

国宝文物流失境外，让许多有识之士忧心如焚。

文化部文物管理局局长郑振铎得知这一消息，当机立断，立即从有限的经费中划出专款，用于抢购国宝文物。

郑局长委托精通文物鉴赏的徐森玉之子徐伯郊负责收购流散在香港地区的中国文物。当时，徐伯郊在香港银行工作。郑局长考虑到事情紧急，三思之后，决定向中央政务院文化教育委员会主任郭沫若、文化部部长沈雁冰做紧急汇报，期望得到大量的资金支持。

1951 年 3 月，文化部正式上报中央，请求从国家总预备费中拨出专款用于抢救中国珍贵文物，并请求在香港成立一个特别收购小组。

周恩来总理看到文化部的请示以后，十分重视，立即做出重要批示，同意拔出专款抢救国宝文物，指示立即组织专家和精干人员在香港迅速成立一个特别收购小组，秘密而有效地开展抢救文物工作。

建国之初，经费极紧张，周总理特别强调：必须是购买真正有历史价值的文物，不要买古玩。

接到周总理的批示后，国家文物局立即成立了一个香港秘密收购小组。秘密收购小组成员，由 3 人组成，他们是徐伯郊、温康兰、沈镛。

当时，收购小组的直接任务，主要有二：

一、负责收购流散到香港以及海外的国宝文物；

二、将所收购的文物及时带回大陆。

这样，在中央政府的支持下，一场抢救和收购国宝文物的工作紧张有序地开展起来。这是解放初期，第一次由政府出面，组织专家进行文物抢救工作。因为是政府出面，有组织、有计划、有目的，所以，工作十分有效，成果显著。这次行动，人称国宝大营救。在这场大营救活动中，最值得称道的显著成绩，就是抢救二希。

三希中之二希——王献之的《中秋帖》、王旬的《伯远帖》，一直秘密地收藏在敬懿皇贵妃生活的寿康宫。溥仪仓皇出宫时，敬懿皇贵妃也被迫随同出宫。

当时，她秘密携带这二希出宫，没有被禁军门卫查出。于是，这二希国宝，就成为了她的私有物。后来，这两件国宝，通过敬懿皇贵妃侄孙，卖给古玩商人。古玩商人不断加价，再行转卖给北京大收藏家郭葆昌。

1935 年，中国决定参加英国伦敦艺展，故宫博物院决定选择珍贵文物参加展览，并且指定庄尚严先生押运文物前往伦敦。临行前夕，好友郭葆昌宴请庄尚严，为他饯行，特地邀请马衡、徐森玉作陪。

洒过三巡，兴致极好的郭葆昌拿出珍藏的二希给几位文物行家的好友观赏，大家惊叹不已。郭葆昌说：这是国宝，我已经立下遗嘱，百年之后，将它们捐献给故宫博物院！庄尚严很年轻，郭转身对庄说：将来，可能要你来接收了！

1940 年，郭葆昌在北京去世。郭家珍藏的二希留在家中，作为传家宝，由郭葆昌的儿子郭昭俊收藏。1945 年，艰苦卓绝的抗日战争取得胜利，郭昭俊遵照父亲遗嘱将家藏珍贵瓷器捐赠给故宫博物院。

1949 年，北平解放前夕，郭昭俊携带二希前往台湾。郭昭俊见到在台湾的庄尚严，旧事重提，打算履行父亲生前的遗愿，将二希捐赠给故宫博物院。但是，郭昭俊表示，因为生活所迫，期望这两件国宝，以半送半买的形式来做。这是国宝，即使是半买，也是天价。当时，台湾局势十分混乱，台湾故宫博物院没有地址，也没有正式成立办公，更没有专款可拨，这珍贵二希，从此失之交臂。

郭昭俊为生活所迫，秘密携带二希前往香港，想寻找合适买主。但是，香港物价飞涨，郭昭俊很快陷入生活困境，没办法，他只好以超低价将二希抵押给香港汇丰银行。郭昭俊是富家子弟，哪里懂得谋生，他只能靠抵押贷款艰难度日。

时间飞快，抵押期限很快就到了，如果不按时还款赎回，抵押银行就会按照惯例将抵押品拍卖。一旦银行拍卖二希，稀世珍宝就会被人抢购，国宝很可能会流失海外。

二希的动向，牵动着每一个文物爱好者的神经，也让国内有识之士忧心如焚。徐伯郊是香港银行界的大人物，他是文物收藏大家徐森玉的儿子，家学熏陶，酷爱古物，经过多年的历练，他也成为一位很有眼力的文物鉴定、鉴赏专家。由中央政府委派，徐伯郊是香港秘密收购小组的实际负责人。身份特殊，徐伯郊社会关系极广，消息十分灵通。很快，徐伯郊得知，二希即将在香港拍卖！

这时，文物管理局局长郑振铎随同中国文化代表团访问印度、缅甸，正好途经香港。事情紧急，徐伯郊将二希即将在香港拍卖的消息立即向郑局长汇报。郑局长感觉事情重大，马上向文化部汇报，由文化部向政务院直接报告给总理。

郑振铎在离开香港前以最快的速度来办理这件大事，他再三而郑重地叮嘱徐伯郊，明确交代：

一、立即去见郭昭俊，一定要稳住他；

二、设法向香港汇丰银行提出贷款展期付清的申请，展期 3 个月或者半年，国内会将有关款项汇到。

有了郑局长的嘱咐，徐伯郊心里有数，立即约见郭昭俊，明确指出：二希是国有珍贵文物，国家对此十分重视，希望二希能够回到祖国。郭氏生活困顿，负债累累，期望有什么转机脱离苦海。没想到，在这个时候，有人想来高价收购二希，而且能够卖给政府，让二希回到祖国。郭昭俊听了徐伯郊的话，自然很高兴，表示全力配合。

周恩来总理看到由文化部转来的紧急报告，是文物局郑振铎局长在香港上报的，周总理十分重视，立即召集有关部门的负责人紧急会商。

周总理态度明确：

一、一定要将二希收购回国，不能让外国人买走；

二、一定要确保是真迹，不能用高价买假货；

三、一定要安全运回国内。

周恩来总理对文化一直很重视，对文物特别关注，尤其是宫廷珍贵文物，他不希望出现任何闪失。仔细布置了收购工作以后，周总理仍然不放心。

1951 年 11 月 5 日，他拿起笔，亲自给相关部门领导写信，对收购二希做出明确的指示和周密的安排。

周总理的指示信件写好后，直接送达的领导有：政务院文教委员会副主任兼教育部部长马叙伦、政务院财经委员会副主任兼财政部部长薄一波、中国人民银行行长南汉宸、文化部文物局副局长王冶秋、故宫博物院院长马衡等。

国家文物局接到周总理的指示，自然十分重视，立即全面开展抢救二希的工作。

11 月 11 日，国家文物局指定，故宫博物院院长马衡，带领文物鉴定专家王冶秋、徐森玉一起，南下香港，鉴定二希真伪，洽谈收购事宜。

马院长和王冶秋立即行动，买西服上装各一件，化装成商人模样。他们走水路，买船票取道澳门，然后转赴香港。

11 月 17 日，他们登上利德轮号。18 日 10 时，到达澳门，进住国际大酒店。19 日，商定乘坐小船，3 人乔装成船员赴香港。

他们直接进入香港汇丰银行，洽谈收购事宜。第一件事，就是见到二希押据；第二件事，就是落实押款及其利息。押款本息，是港币 458376.62 元。

他们分别与债权人英教主波哥面谈，与郭昭俊面谈。

最后，他们商定：

一、先行鉴定，确定二希是否是真迹；

二、如果鉴定二希是真迹，付给郭昭俊 3 万港元；

三、将押款本息一次付清，收回真迹。

也就是说，这次收购行动，收购国家一级珍贵文物二希，共计花费港币 488376.62 元。

当时，周总理已经批准的收购经费，是 50 万港币。

马衡院长和徐森玉仔细审视二希，发现这两件画作，确实是真迹无疑。于是，按照约定，付清款项，他们正式从汇丰银行赎回二希，然后，安全顺利地带回北京。

办好各种手续后，当年 12 月，二希珍贵国宝，入藏故宫博物院，重新回到紫禁城。

此时，距离二希离开紫禁城，已整整 28 年。

九

台北故宫博物院

1949 年 1 月 7 日，负责押运事宜的故宫方面负责人庄尚严在完成迁台文物运输之后，就运台文物有关的六大机构、文物数量、押运事宜、船运细节、沿途情形、入库情况、库房条件等方面，特地给院长写了一份报告，详细叙述迁台国宝文物经过，较真实地反映了这批南迁的故宫国宝文物，跋涉数千里、翻山越岭、横渡台湾海峡的奔波和艰辛。不过，从这份报告中，可以很清楚地了知当时文物运输途中的真实情形，特别是所经历的无数惊心动魄的风雨历程，以及鲜为人知的国宝秘籍的受潮受损情况和库房收藏状况。

院长均鉴：本院移台文物第一批，上月二十一日，自南京装船，二十八日运抵台湾，存于临时库房杨梅镇之通运公司仓库。兹将沿途经过及到此各方情形，分项报告，敬请鉴察是幸！

一、六机关名称。为中央研究院史语所、中央博物院、中央图书馆、北平图书馆（存系金陵图书馆者共18箱，由本院代运，系杭先生所主持办理者）、外交部及本院，合组联合办事处。

二、各机关运台箱数。本院320箱，中博217箱，中图120箱，北图18箱，外交部100箱，史语所225箱。

三、各机关押运。中博谭旦冏、周凤森、麦志、诚陈4人，中图王吾、昌彼得2人，外交部余毅远1人，史语所芮逸夫、劳干、李光宇、董同龢4人，北图无押运人员。每机关各带工友1人。本院派堆工为王振楷，此外又有特派员1人，地位超然，第一批为李济先生，第二批闻是徐森老。

四、船名。由海军总部派中鼎号大型登陆艇一艘，事前极端秘密，船名与启行日期坚不公布，且声言专载六机关文物，无其他货物与人员。及20日装船时，发现舱中有其他中央社等机关预装之箱，已将及半！而箱上满搭乘客，男女老少，形形色色，不下四五百人！箱上堆有钱板隔绝，然钱板原有孔洞，烟尘、火柴、大小粪便、呕吐饭食均可漏入文物箱上，与事先所接洽者大相径庭！

五、装船日期。20日，其他各机关装船。21日，本院装船。21日，杭次长、傅孟真、徐森玉、蒋慰堂诸先生均来船上视察，见此种混乱情形，与文物之安全关系至大。经与海军总部交涉，请将其他各机关之箱与人员撤出。桂总司令亦来船查看，会商结果，其他机关之箱，因亦奉最高当局命令，非危险性物品，可以装载。非六机关之押运人员，一律撤出。舱中除押运员外，不准其他人员入内，秩序始能维持。然箱件之杂乱堆放，不问轻重、不问大小之状况，因时间所限，已无法改装。

六、航行时期。22 日，南京开行。至晚，停泊南通江心。时局紧张，惟在舟中，亦行戒严。23 日晚，停泊黄浦江口。24 日，放洋。25 日晚，经台湾海峡，风浪极大，马达一边发生障碍，左右摇摆，箱件互相震撞，员工站立不稳，无法补救。26 日上午，抵基隆。因无码头，停泊港口。27 日，停泊。28 日午，靠岸卸船，至下午 5 时，1000 箱完全装入火车，共装 16 车，当夜启行。29 日上午 1 时许，抵杨梅候天明。8 时，卸车入库，阴雨，5 时天黑，未能全部入库。余 2 车，停存站中。30 日上午，全部入库。

七、沿途雨湿及震动情形。中鼎原为运输舰，舱口及舱内通风管均皆漏水，一路风浪特大，巨浪打来，覆没甲板，致舱中多处入水。由基隆至杨梅，途中又逢大雨，火车车皮亦多节渗漏，共计受水之箱二十六箱，兹另列表报告。因库房堆积皆满，且多架案，天又连阴不晴，无法逐箱晾晒。曾将最严重之箱启视，见内部当未湿及书画本幅，差强告慰。至顾其他各机关受水之箱，亦多与本院情形相同。惟本院瓷器箱是否因受震动而损坏，此刻更无法知之。

八、杨梅库房情形。文物移台，杭先生意愿存储台中，并先行电省府及教厅，请预备库房。又派孝教部秘书杨少白与中研院芮逸夫，先行来台接洽，不意中央各机关之来台者不下数百单位，而军事机关占其大半，台中库藏文物，无法实现。不得已，教厅在新竹所属杨梅镇觅得通运公司（日本时代之运输公司）之仓库一所，在车站旁数十步，火车可以直达。库系砖墙瓦顶木门，维种种之条件，未能尽合理想，在目下情状下已属不易。最使人安心者，当地之人民淳朴，原多属粤之客家，对内地来人无多歧视。二二八事变时，本地并无暴动，可证与其他地方不同。距台北约一小时半火车路程，镇内有学校、电灯、电话、邮局、小医院，生活程度比台北、台中均为低下。库内堆存千箱，最高者高及 6 箱，一室皆满。各机关各为单位，不相混杂。库内原为三合土地，为防潮湿，上铺地板（新竹多风多雨，天气不及台中）。惟台湾各地，均有白蚁，目下箱子皆直接堆地板之上，此绝非久远之计。防范白蚁，亦无从查看，如一一设架，此笔经费，相当可观。款由何出？此将来一大困难问题也！

九、省府、教厅协助情形。文物到时，省府指派宪兵一班到基隆，随来杨梅维护。惟原云暂时性质，当天办毕，移派警察，宪兵来杨，并不负责警备，且寻花问柳……伙食花费，每人近二万元，如此巨款，只得遣回台北。目下，省府正在交接，警察亦未派来，幸地方安静，镇长力保，倘无意外。教厅则派员 1 人，帮同照料。

十、押运人看守情形。所有押运人员，除杨、芮、谭 3 人在台北接洽一切未能来杨梅（外交部人亦常不在库），余人均住库房，并订明轮流值日，注意烟火。

十一、续移台中情形。文物未来之存放地址，杭先生意在台中。据云，风土人情，皆属相宜。一时无着，只得封存杨梅。近往接洽，已觅资委会台中粮厂仓库一所，足敷第一批全部存放之用。拟五六日后，本院与中博、中图、北图、外交部等五机构即行移往。惟史研所傅先生拟全所移至台北，故第一批仍封存杨梅不动。

杭立武对这次国宝迁台经过情形，十分了解，感叹说：“三批文物，中央研究院的箱件，单独存在杨梅。外交部档案，在运到台中不久就运往台北交还外交部。各机关存在台中糖厂的文物箱件数量如下：故宫博物院 2972 箱，中央博物院 852 箱，中央图书馆 644 箱，北平图书馆 18 箱。以上共计 4486 箱。这次迁运，自三十七年（1948 年）十二月二十一日，至三十八年一月二十八日，五个星期的时间，自比上次十八天的抢运较为从容，困难也比较少。……这次播迁既较上次从容，为什么反较上次一万多箱为少呢？……这次是经过挑选，而且是有计划的挑选，量虽不多，但百分之九十五的精品全运来了！”

那志良先生参与了这次故宫文物运台工作，他对这次转运的艰辛，记忆犹新。他说：“文物运台，是几个机关合作的事，主其事者是杭立武先生。他派了杨师庚及芮逸夫两先生，先到台湾布置一切。他们在杨梅找到了铁路局的仓库，打算文物运到之后，先在这里存放一下，再找适当的地方存。第一批文物运到了，文物也就存在这里。大家商量，这地方存不了许多，大多数人主张在台中找地方，是考量了台中的气候好，干燥、少雨，适于储存文物。他们就到台中市，先找台中糖厂商量，厂长游升峰先生，本已接到国内电报，请他帮忙，谭旦冏先生又是他法国留学时的好友。游厂长告诉他们，现在不是制糖时期，仓库不少是空的，可以给你们借用，但到制糖时期一定要归还！”

故宫国宝文物，找个落脚之地实属不容易。杭立武先生回忆说：“文物运存台中临时仓库后，我以教育部长名义，于三十九年一月二十七日，把迁运及暂时存储情形，签报行政院，经阎院长锡山于二月二十三日以第614号指令核示：所有主持迁运、押运、保管该项文物、图籍，及在事出力人员，应予传令嘉奖，以励有功。报备及奖励，仅是一项行政上的手段，至于以后的妥善保管、开箱检查、编目分类、研究流传，以及公开展览，等等，可以说就此开端！”

文物存放在台中糖厂，只能是权宜之计。负责故宫文物事宜的常务委员熊国藻，带领各处主管到各地查看合适地点。查看了各处，有三个地方供选择：台中县番子寮山麓、台中县雾峰乡旁山麓、台中县雾峰乡吉峰村北沟山麓。杭立武主任会同两院理事会委员蒋梦麟、傅斯年、罗家伦等人亲自前往三处地方实地考察，认为北沟山麓最为理想：背倚高山，空地开阔，地处幽静无人之境。

买下这块地之后，着手建造库房。库房三层，呈品字形，每层容纳1600箱。中间库房，由“中央”博物院和“中央”图书馆合用，中以墙壁隔开；两边的库房，由故宫博物院专用。

1950年4月14日，工程峻工。文物开始运往北沟，4月22日，文物全部运完。

国宝文物运到台湾，原先参加文物运输的六大机构“国立”故宫博物院、“中央”博物院、“中央”图书馆、“中央”研究院、北平图书馆和“外交部”，合组六机构联合办事处。

故宫国宝文物运到台湾之后，理事朱家骅担心文物的安全，多次提出清查运台所有文物。

1950 年 7 月 17 日，两院理事会开会，朱先生再次提议清点。最后决议，用抽查的办法点查文物：由理事多人，延聘专家，组成清点委员会，抽查两院运台文物和中图所有文物，抽查方法是依据原有清册，逐项核对，确实无误，注明：核对无误。

这次抽查，由理事会理事李济、罗家伦、丘念台和有关专家黄君璧、董作宾、孔德成、高去寻、劳榦等人负责。

1951 年 6 月 16 日—9 月 8 日，历时近 3 个月，抽查了 1011 箱，其中，故宫国宝文物是 560 箱，点查结果：良好。

李济先生在报告中称："此次所查，1011 箱，虽有笔误或者漏列之处，但均能查出原因，而文物并无损失。且此项笔误或漏列，尚系在平、沪时经手之人，校对未周，与现在保管人员无关。"

连续三年抽查，共 2412 箱，结果都是良好：1952 年，520 箱；1953 年，777 箱；1954 年，1115 箱。

1962 年 6 月 18 日，在台北士林外双溪，建造故宫博物院。

即将建成时，蒋介石前来视察，和蔼地问：何时开幕？

负责人恭敬地回答：11 月 12 日，国父孙中山诞辰纪念日开幕。

蒋介石感叹：好，这个博物馆，若是叫中山博物院，多好！

负责人一听，立即像奉了圣谕一样：好，就叫中山博物院。

负责人恭敬听令，吩咐随从人员，要做金字牌匾，悬挂：中山博物院。

后来，巍峨的建筑建造完成了，黄色琉璃瓦，高悬大匾，还是称为故宫博物院。

这件事，故宫博物院的那志良先生觉得有点荒唐，打趣说："有人问：你们这个博物院，到底是什么博物院？我们告诉他们，这房子原来是为故宫博物院盖的，只因总统随便说了一句话，房主人就换成了中山博物院，我们由房主人变成了房客了！"

台湾国民政府的"行政院"院长严家淦更有意思，要兼顾各方面的感受，在故宫博物院落成典礼上，抑扬顿挫地说："把这一座新的博物馆，定名为中山博物院，是最有意义的。将来……故宫博物院与中央博物院的文物，分别运回北平与南京之后，那时再正式成立一个中山博物院！"

台北故宫博物院落成之后，正式恢复"国立故宫博物院"称号，直属于台湾国民政府"行政院"管理。台湾"中央图书馆"馆长蒋复璁先生，就任故宫博物院院长，他在谈到台湾故宫博物院院藏文物时说：

本院藏书，其源有二：一曰逊清秘府所贮，一曰宜都杨氏观海堂旧藏。清内府藏书，原分别度置昭仁、养心诸殿，景福、乾清诸宫，及文渊阁、摛藻堂、史馆等处。

昭仁殿所贮者，善本也，为清历代所集。乾隆九年，高宗命内值诸臣，检阅秘府藏书，择其精善，于昭仁殿列架度置，赐名天禄琳琅，敕于敏中等排比，编为《目录》十卷，凡著录宋金元明珍椠四百部。

嘉庆二年十月，乾清宫灾，延及昭仁，琅嬛秘册，尽付一炬。寻宫殿重建成，仁宗敕检别弆御花园养性斋，续获善本，命彭元瑞等择优编次，成《书目》二十卷，著录历代旧刻影抄六百六十四种，即《天禄琳琅书目后编》是也。以后继收之善本，咸集于兹。

养心殿所贮者，阮文达进呈《四库》未收之书一百七十二种，仁宗赐名"宛委别藏"，率影宋元旧钞秘籍。文渊阁则贮《四库全书》一部，初写进呈，精美为七阁之冠，凡收书三千四百五十九种，三万六千余册。摛藻堂则贮《四库荟要》一部，乃辑《四库全书》之重要典籍四百七十三种，抄成一万一千余册，以供御览者。景福、乾清诸宫所贮，多为明清两朝内府殿刻；史馆所藏，皆属方志。

民国十三年冬，逊帝溥仪迁出皇城，政府组织清室善后委员会，接收清点各宫殿所贮文物图书。翌年，本院正式成立，下设图书馆以典掌图书。除文渊阁、摛藻堂藏书仍保持原状外，将散处各宫殿之书，咸集寿安宫，置库贮存，总其各殿藏书，逾四十万册。整理核对，日不暇给。文渊《四库》及“宛委别藏”仅微有佚缺；善本部分，以校《天禄琳琅后编》，虽颇有短少，然共续增，犹存宋版四十六部，金元版六十部，率多孤本。

……

此存京（台北）之图书，除数十箱《藏经》不及装载外，运达台湾者，凡一千三百三十四箱，总其册数，达十五万七千余；《四库全书》而外，内有宋版六十二部，金版三部，元版一百一十二部。

古物珍藏

1949 年，运往台湾的南迁宫廷国宝文物，故宫博物院的共计 238951 件，分装 2972 箱，包括古物馆 1434 箱，图书馆 1334 箱，文献馆 204 箱。

古物馆国宝，包括玉器、瓷器、铜器、书画、漆器、珐琅、文具等等。其中，特别珍贵的历代古书画作品 94 箱，5760 件。主要包括：

东晋王羲之《快雪时晴帖》，唐李思训《江帆楼阁图》，唐韩幹

《牧马图》;

唐周昉《内人双陆图》，唐人《宫乐图》《明皇幸蜀图》;

五代人《丹枫呦鹿图》，五代赵嵒《八达春游图》, 五代后蜀滕昌祐《牡丹图》;

五代南唐顾闳中《韩熙载夜宴图》, 五代南唐人唐希雅《古木锦鸠图》;

宋米芾《蜀素帖》，宋徐熙《玉堂富贵图》，宋李成《寒江钓艇图》;

宋燕文贵《奇峰万木图》，宋赵昌《写生杏花图》《岁朝图》;

宋范宽《溪山行旅图》《秋林飞瀑图》，宋文同《墨竹图》;

宋李公麟《丽人行》，宋李唐《万壑松风图》;

宋李迪《画狸奴小影》，宋郭熙《早春图》，宋苏汉臣《秋庭婴戏图》;

宋人绘《婴戏图》《扑枣图》《秋荷野凫图》《种瓜图》《花蓝图》;

元赵孟頫《鹊华秋色图》，元李容瑾《汉苑图》，元陈琳《溪凫图》，元高克恭《云横秀岭图》;

元赵雍《骏马图》，元黄公望《九峰珠翠图》，元朱叔重《春塘柳色》，元王蒙《溪山高逸图》;

明唐寅《关山雪霁图》，明吕纪《杏花孔雀》，明仇英《秋江待

渡》《水仙蜡梅》;

明边文进《春花三喜》,明陈宪章《万玉图》,明孙克弘《朱竹》,明吴彬《文杏双禽图》;

清王翚《秋林图》,清恽寿平《花卉山水》;

清高宗弘历《御笔诗经图》,清乾隆御笔《冰嬉赋》,清郎世宁《聚瑞图》;

清宫廷画师沈源《画御制冰嬉赋图》,清高其佩指头画《庐山瀑布图》;

清乾隆痴迷的黄公望《富春山居图》,清刘墉《书无量寿佛赞》;

清张照临米芾《蜀素帖》,清蒋溥《画御制塞山诗雾诗意图》,陈牧等奉旨精绘院本《清明上河图》等。

古籍珍藏

故宫博物院图书馆方面,南迁宫廷善本共计是1415箱,而运往台湾的是1334箱,还有81箱图书在哪里?

其实,这留下的81箱图书,有15箱是空箱,箱内的图书全部被提出,参加伦敦国际艺展,随第一批文物运往台湾。也就是说,运往台湾的图书,实际上是1349箱。另外留下来的66箱图书,全部是《藏经》,共计170余册。这66箱图书,事实上也计划随第三批文物运往台湾，运到下关的时候，因为太过沉重了，军舰容不下，只好将这 66 箱退回。

故宫博物院南迁的珍贵图书，几乎所有的都运往了台湾，包括：

参加伦敦艺展的珍本，15 箱；

殿本书，206 箱，36986 册；

观海堂藏书，58 箱，15500 册；

善本书，83 箱，14348 册；

地方志，46 箱，14256 册；

实录库书，6 箱，10216 册；

满蒙藏文书，23 箱，2610 册；

佛经，13 箱，713 册；

《藏经》，132 箱，154 册；

几部特藏本大型书籍——

《四库全书》，536 箱，36609 册；

《四库全书荟要》，145 箱，11169 册；

《古今图书集成》，3 部，86 箱，15054 册。

故宫博物院南迁图书，1334 箱，共计 157602 册；参加伦敦艺展的珍本，15 箱。两项合计，约 16 万册。

后　记

入宫 30 余年，翻阅大量宫廷史料、档案，感慨良多。

华艺出版社副总编辑郑治清先生策划、出版了许多精品图书。我和郑先生是好友，数十年来，郑先生对于故宫，情有独钟。

郑先生盛情相邀，策划出版《两岸故宫的前世今生》一书，算是我在宫中 30 余年“上朝”的读书心得和工作记录。

本书责任编辑殷芳先生和编辑刘妍女士多次与我联系商讨书稿，细致修改、精心校雠。著名书法家启功先生族侄、启源先生之子爱新觉罗焘健先生为拙著题耑，知名篆刻家张振芳先生为书名治印，在此一并致谢。

作者谨识

2018 年 12 月 6 日

图书在版编目（CIP）数据

两岸故宫的前世今生 / 向斯著 .—北京：华艺出版社，
2019.7
ISBN 978-7-80252-631-0

Ⅰ.①两… Ⅱ.①向… Ⅲ.①故宫博物院–历史–中国
Ⅳ.① G269.29

中国版本图书馆 CIP 数据核字 (2019) 第 133858 号

两岸故宫的前世今生

著　　者：向　斯
责任编辑：殷　芳
编　　辑：刘　妍
特约编辑：孙贝贝
封面设计：徐道会
出版发行：华艺出版社
地　　址：北京市海淀区北四环中路 229 号海泰大厦 10 层
电　　话：010–82885151
邮　　编：100083
电子邮箱：huayip@vip.sina.com
网　　址：www.huayicbs.com
印　　刷：北京市文林印务有限公司
开　　本：710mm × 1000mm　1/16
印　　张：16
字　　数：150 600
版　　次：2019 年 7 月北京第一版
印　　次：2019 年 7 月北京第 1 次印刷
书　　号：987–7–80252–631–0
定　　价：48.00 元
